JN105958

朝・夜3分!

「やせスイッチ」を押せば やせたいところが全部やせる

中辻 正
Nakatsuji Tadashi

PHP

はじめに

私は柔道整復師として、40年以上にわたって多くの方の体の悩みと向き合ってきました。そのほとんどは40代以上の方々で、肩や腰など、体のどこかに不調を抱えていらっしゃいます。

そういったみなさんと話をしていると、多かれ少なかれ「体型」についての悩みも口にされます。「腰のまわりがもたつく」「下腹だけがまったくやせない」「おしりより太もものほうが太い」……。そして、口をそろえておっしゃるのです。「運動しても、食べなくても、ちっともやせないんです」と。

私は、たくさんの方の体と向き合う中で、みなさんが「太っている」と思っているのは、実は「水分が溜まってしまっている状態」であること、つまり「むくみ」が太りの原因ではないかと思うようになりました。そこで、むくみの原因となる、リンパの滞りを解消していくような施術を行なえば、みなさんの悩みを解消できるのではないかと考えたのです。
この考えは、ある意味では正解でしたし、ある意味では不正解でした。当初、「リンパを流すこと」のみに注目していたのですが、真の原因は、リンパを流す動力である筋肉の「硬化」にあったからです。

私が考案した「ＲＤ深層リンパドレナージ」は、体の深層部にある筋肉をほぐしながら、リンパの流れをスムーズにしようというものです。ポイントは、「筋肉を構成する筋線維《きんせんい》の方向を理解すること」と「しっかり圧力をかけること」。この２つを実行しさえすれば、回数や時間などに制約はまったくありません。

誰にでも簡単に行なえるうえ、リンパのめぐりを根本から解決することで太りにくい体をつくることができる私のＲＤ深層リンパドレナージが、多くのみなさんのお役に立てることを願っています。

中辻 正

朝・夜3分！「やせスイッチ」を押せばやせたいところが全部やせる　目次

PART 2 リンパと筋肉の関係

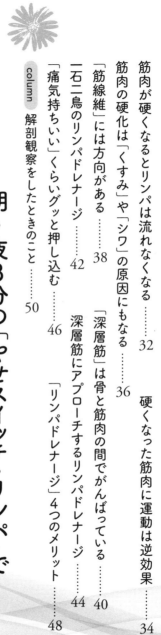

PART 3 朝・夜3分の「やせスイッチ・リンパ」で全身がみるみるやせる!

PART 4 「部分やせ」に「タオルドレナージ」

プロローグ

やせない?! 太る?!
本当の理由

脂肪で太るわけじゃない?!

「食べなくても太る」原因は「筋肉の硬化」と「むくみ」です

みなさんは、ご自分の体型に満足していますか?

30代後半を超えると、「下腹がぽっこり出ている」「下半身が太い」「食べなくても太る」「運動してもやせない」といった悩みを、慢性的に抱えている方が多いようです。

では、太る原因とは、何なのでしょう?

多くの方は、食べすぎなどで体に脂肪が蓄積することによって太ると考えています。

しかし、特に「食べなくても太る」「運動してもやせない」という場合、その原因は、「筋肉の硬化」による体液の循環障害と、その結果として生じる「むくみ」だと考えられます。むくみとは、水分が体内に溜まってしまうことです。

肥満や体重増加の原因が「筋肉の硬化」と「むくみ」である場合、「ダイエット」を行なっても、芳しい効果は得られません。

「むくみ」をチェックしてみましょう

「食べなくても太る」「運動してもやせない」という悩みの原因が脂肪なのか「むくみ」なのかを見極める方法を紹介します。

☑夕方、足首を押さえてみる

水分には当然ながら「重さ」があるので、ある程度の時間が経つと下のほうに溜まりやすくなります。

そこで、夕方に手の親指の腹で、ふくらはぎを押さえてみましょう。指の跡が残るようであれば、かなりむくんでいると言えます。

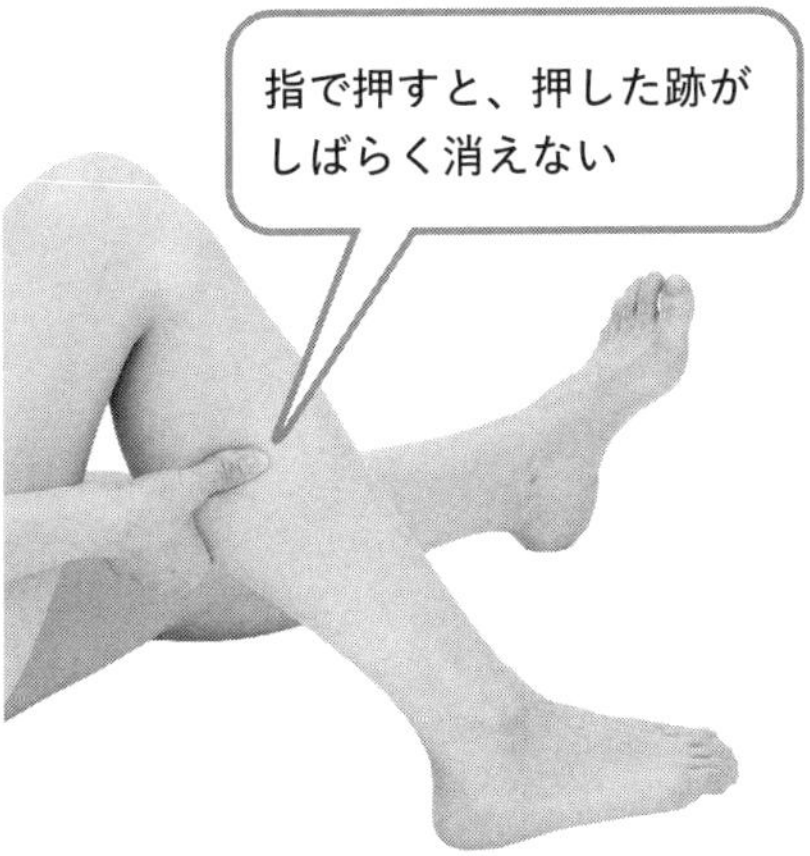

☑朝夕の体重の差を確認する

起床時と夕方の体重を比べてみましょう。1キロ程度の違いがある（夕方のほうが重い）場合、むくみがちだと言えるでしょう。

「むくみ」はリンパの滞留によって引き起こされる

「筋肉のしこり」がリンパを滞らせます

「むくみ」とは、筋肉の中のリンパの流れの滞りです。リンパの滞りがさらに滞りを生み、どんどんと流れが悪化することで体内に水分が溜まり、結果としてむくみになります。

PART1で詳しく説明しますが、リンパは体内のすみずみに行き渡り、細胞の周囲の老廃物を受け取って排除するための「掃除屋《そうじや》さん」の役割を担っています。

私は柔道整復師として、多くの方々の体のこりや痛みと向き合っていますが、中でも太っている方への施術の際には、脂肪の下（奥）にある筋肉、特に深部に存在する筋肉の「しこり」を探します。このしこりこそが滞りの蓄積であり、これを丁寧にほぐしていくと、スッとやせていくことに気がつきました。

この経験から考案したのが、「RD深層リンパドレナージ」です。

リンパドレナージもデトックスにおける一連の機能です

「RD深層リンパドレナージ」のRDは、「Renewing Detoxification」を略したものです。「Detoxification」は「解毒《げどく》」で、美容・健康分野では「デトックス」と表現されていますが、人体においての解毒とは、厳密には主に肝臓での働きを示します。

つまり、RD深層リンパドレナージ自体には解毒作用はないと言えるのですが、体に滞留した老廃物を回収して肝臓などに届けるという意味では、デトックスにおける一連の機能と言ってよいと思います。

RD深層リンパドレナージでは、筋線維《きんせんい》の向きを確認し、この解剖《かいぼう》学的構造を利用して、老廃物を回収しやすい方向に圧をかけていきます。これにより、筋肉の深層部および骨、関節まわりの老廃物を回収することができます。

また、筋肉層を流すことで、筋肉の硬化（こり）を見つけてゆるめることができるので、体全体の柔軟性と基礎代謝の回復・維持を促すことができます。

リンパや血液の循環は筋肉の柔軟性に支えられていますから、筋肉の硬化を改善し、柔軟性と基礎代謝を取り戻すことで、体のむくみも改善され、太りにくくなります。

「リンパドレナージ」ですっきりやせられる！

筋肉にアプローチします

リンパの滞りを解消し、スムーズに流れるようにするには、リンパを流す働きをじょうずにサポートする必要があります。血液のポンプ機能は心臓が担っていますが、リンパは何の力で流れていると思いますか？　答えは「筋肉」です。中でも、体の奥深くにある「深層筋《しんそうきん》」が、リンパの流れを促します。

「ＲＤ深層リンパドレナージ」では、この深層筋にある「しこり」にアプローチします。そうすることで基礎代謝を回復し、向上させることができるので、やせて太りにくくなるとともに、腰痛や肩こりの改善も手助けします。また、老廃物の除去を促すことで、細胞が元気になります。

「少し強めに圧迫して、筋肉の中にあるリンパを絞り出してリンパ節《せつ》に流す」というのが、ＲＤ深層リンパドレナージの基本的な考え方です。

誰にでもできる簡単な方法です

RD深層リンパドレナージには、施術によるものと、セルフケアによるものがあります。本書ではセルフケアの方法を紹介しますが、これは、みなさんご自身が家庭で行なうことで、RD深層リンパドレナージの効果を高めることができ、かつ、改善した状態を維持できるように考案した内容となっています。

RD深層リンパドレナージを適切に実践すれば、激しい運動を行なわなくても、やせることができます。また、腰痛や肩こりなどの不調も、同時に改善されます。

忙しい方、運動が苦手な方だけでなく、足腰などに不安がある方でも実践できます。これが、RD深層リンパドレナージのいちばんの利点です。

RD深層リンパドレナージ　3つの利点

①誰にでもできます。
②激しい運動は必要ありません。
③「部分やせ」も可能です。

さらに、下腹部や下半身など、気になる部位を集中してケアすることで、「部分やせ」の効果も得られますから、まさに「やせたいところが全部やせる」と言っても決して過言ではないのです。

あなたの「太りスイッチ」をチェックしてみましょう

あなたの「太りスイッチ」はどこですか？

「太る」真の原因は、筋肉の硬化とリンパの滞りだと、先に説明しました。滞りがひどくなって、時に「しこり」となって表れる部分を、ここでは「太りスイッチ」と呼ぶことにしましょう。このスイッチが多ければ多いほど、水分や老廃物が体内に溜まりやすく、また、太りやすくなります。

太る原因となる「太りスイッチ」が生じやすい箇所を、次ページの写真で示します。「太りスイッチ」のあたりに「しこり」などを見つけたら、そこを集中してケアすることが大切です。

＼チェックしてみましょう／

あなたの「太りスイッチ」はどこ?

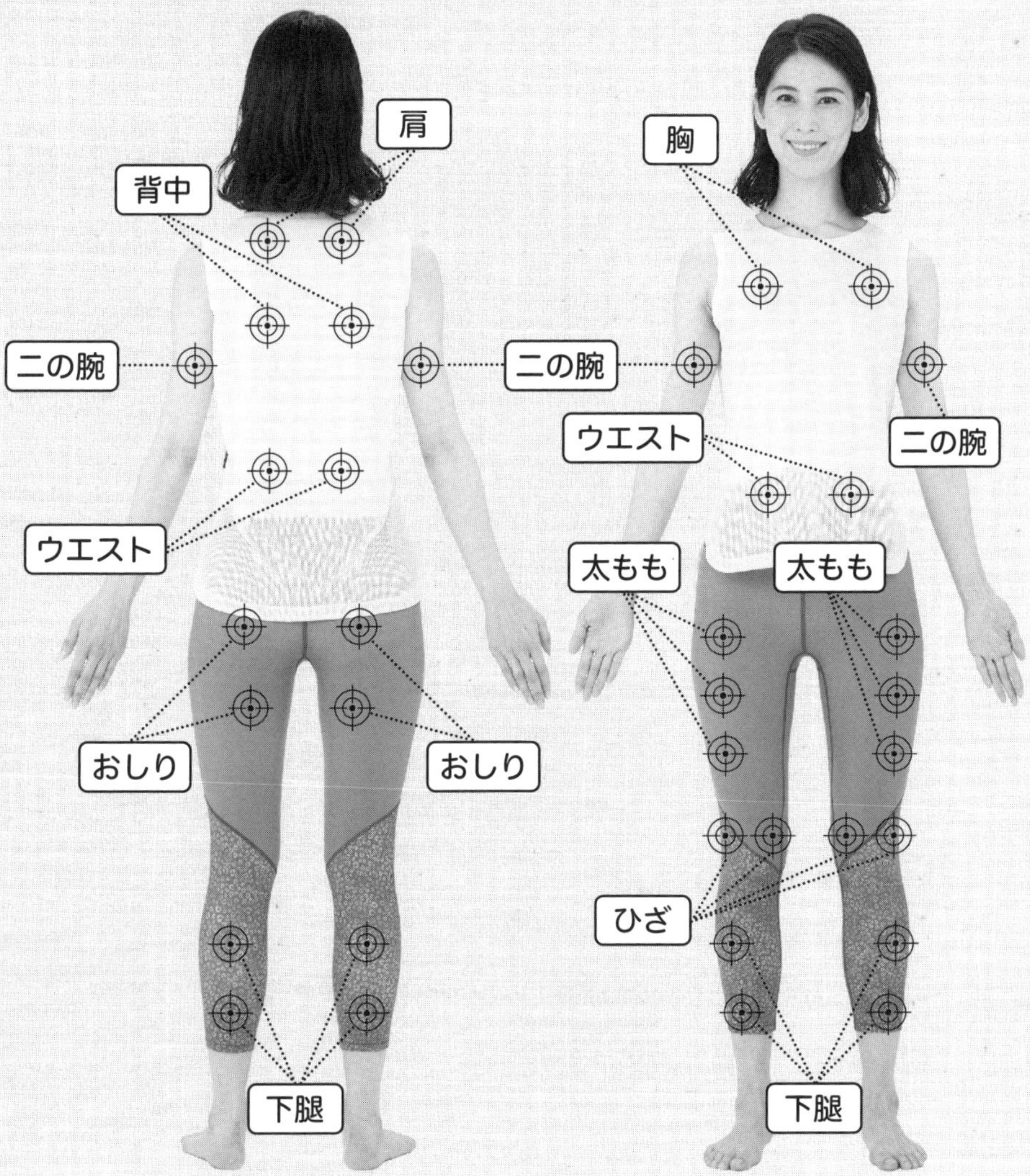

column

リンパドレナージで〇脚も改善！

　足をそろえて立っても、両ひざがくっつかない状態のことを「O脚《オーきやく》」と言います。

　O脚の原因はいくつかありますが、太ももの前側の筋肉（大腿四頭筋《だいたいしとうきん》）が収縮することが、ひとつの大きな原因です。太ももの前側が縮んでいる状態でバランスを取ろうとするために足が外方向へ向くようになり、結果としてO脚になるのです。

「ＲＤ深層リンパドレナージ」は「深層筋」にアプローチすると、本文で述べました。

　体の深部の筋肉を整えると、骨格のゆがみを整えることができ、それにともなって大腿四頭筋などの大きな筋肉の均整も取れてきます。

　ＲＤ深層リンパドレナージによって深層筋や骨格、表層筋までが元気になれば、O脚を改善することも、ラクラク可能になりますよ。

PART 1

「リンパ」について、少しだけ

「リンパ」を知っておきましょう

いちばん大切な役割は「老廃物（ゴミ）の回収」

本パートでは、「ＲＤ深層リンパドレナージ」について、具体的に説明していきます。リンパマッサージ、リンパケアなど、健康法や美容法の紹介の際によく登場する「リンパ」という言葉ですが、実体をご存じでしょうか？

私たちの体は、およそ37兆個もの細胞でできています。37兆という想像もできないようなたくさんの細胞がそれぞれの役割を担い、互いに協調しているのが、私たちの体なのです。

細胞の中心には核があり、その周囲に細胞質があります。いちばん外側は細胞膜で覆われています。細胞の中では、それぞれの役割に応じたエネルギーが産生《さんせい》されます。それには、酸素と栄養素が必要です。酸素の運搬には動脈が関わり、エネルギーの産生後に生じる老廃物の回収には、静脈とリンパが関わっています。

体の水分量の割合

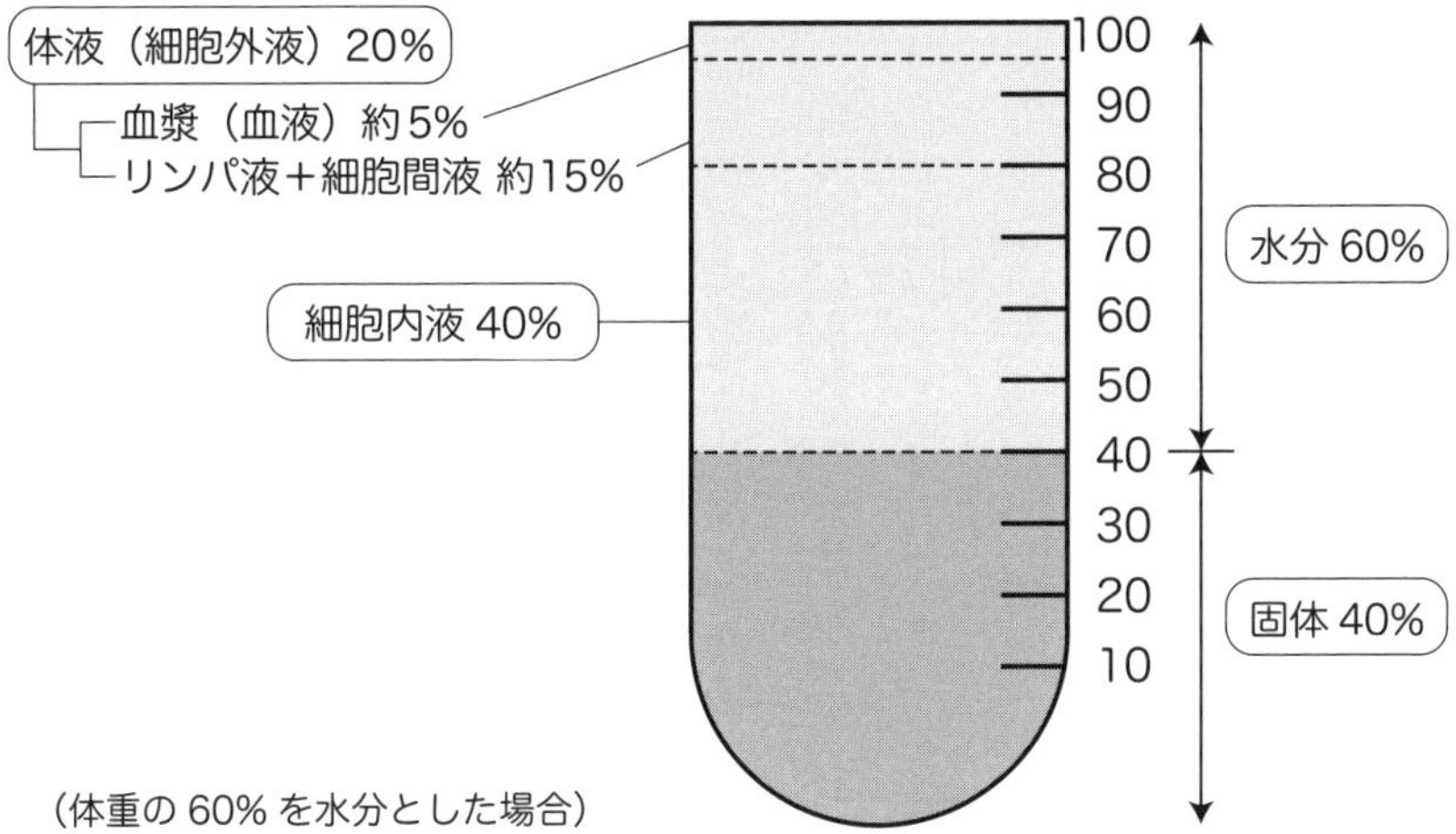

（体重の 60% を水分とした場合）

リンパ管を通る体液がリンパ液です

私たちの体は細胞でできているわけですが、その一方で、「水でできている」とも言えます。実際、成人女性の体重のおよそ6割は水分です。

体内の水分のうち、3分の2は細胞内部にあり、残りは細胞の外にあります（細胞外液）。この細胞外液のことを一般に「体液」と呼び、体液は血管などの管を通る「管内液」と、管のないところを流れる「管外液」に分類できます。

管内液の代表格は血液ですが、リンパ液もこの管内液のひとつです。リンパ管を通る体液のことを、特に「リンパ液」と言いますが、本書で紹介するRD深層リンパドレナージは、リンパ液だけでなく、体液全般を対象としています。

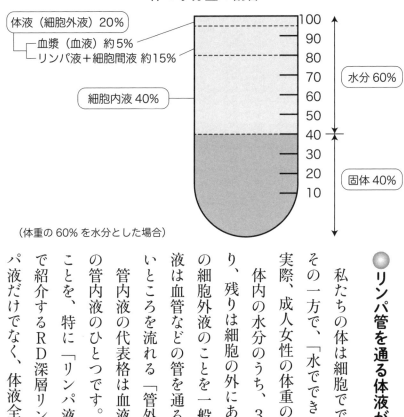

「浅いリンパ」と「深いリンパ」

リンパ液のほとんどは深いところを流れています

リンパ液には、浅いところ（皮膚に近いところ）を流れるものと、深層筋《しんそうきん》に近いところ（皮膚から遠いところ）を流れるものがあります。

各細胞から排出された老廃物の多くは、血液によって回収されて心臓へ帰ります。この「帰り道の血液」が静脈です。そして、血液で回収できなかったもの、あるいは直接血液で回収できない大きな老廃物を回収するのが、リンパ液です。これらをうまく代謝できないとリンパの滞りが発生し、太りやすくなるわけです。

皮膚のすぐ下にあるリンパ液は、「リンパ末梢《まっしょう》」から管内に入り、毛細リンパ管から集合管、リンパ本幹、さらに、体の各所にあるリンパ節で濾過《ろか》されながら徐々に深部に向かって太い管へと集約されていき、最終的に静脈、もしくは肝臓へ送られて、回収が完了します。

「浅いリンパ」から「深いリンパ」へと流れ込む

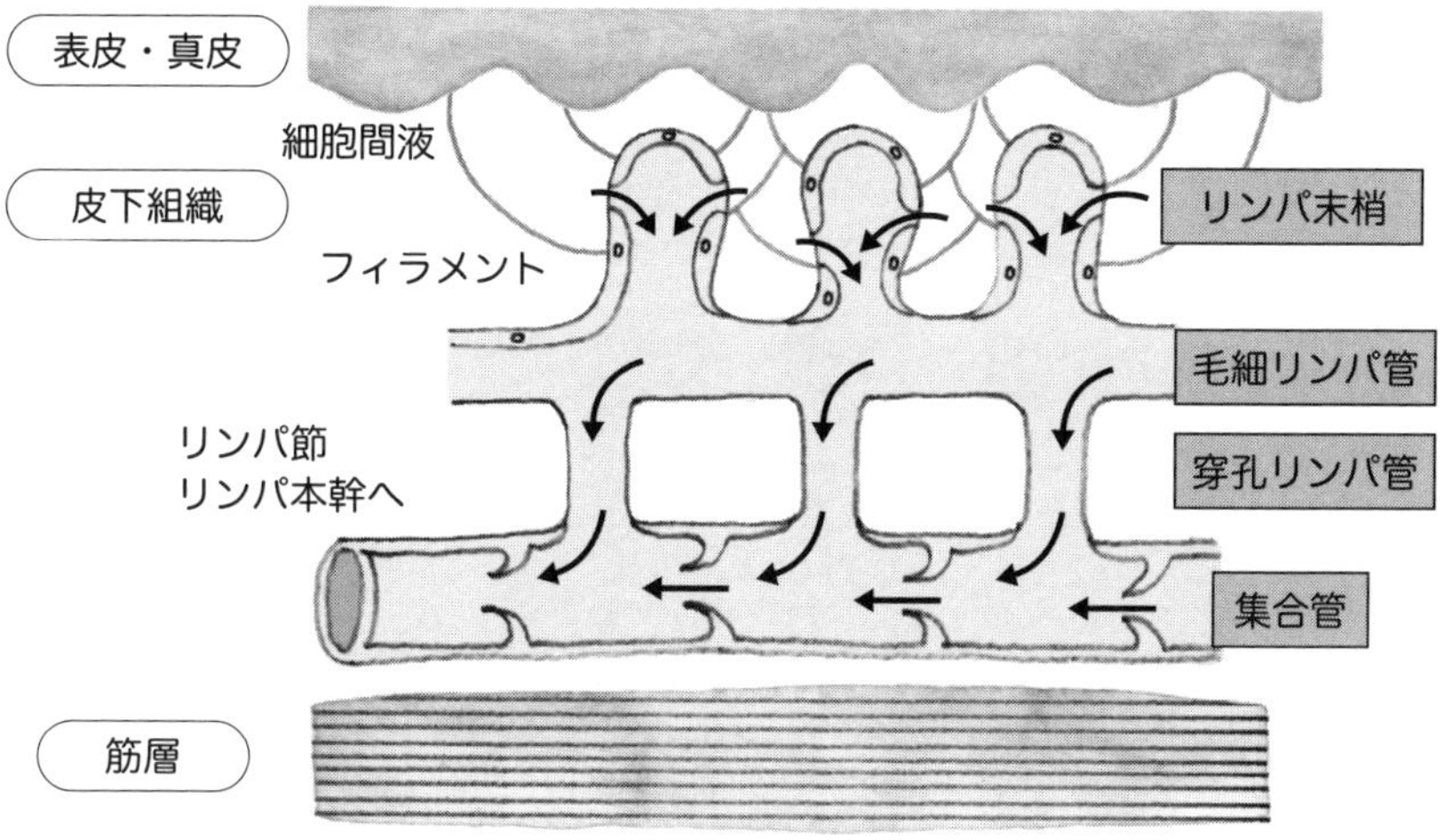

毛細リンパ管を「浅いリンパ」、集合管を「深いリンパ」とした場合、浅いリンパは約6パーセント、残りの約94パーセントは、深いリンパです。この量の差を考えれば、深いリンパにアプローチする理由は歴然としています。

また、浅いリンパと深いリンパをつなぐ管のことを「穿孔《せんこう》リンパ管」と言いますが、この穿孔リンパ管を活性化させるのは、筋肉への圧力です。筋肉に圧をかけることで、毛細リンパ管を流れるリンパ液が、深いリンパ管へと流れ込んでいくのです。

リンパはゆっくりゆっくり流れている

約12時間で体を1周します

リンパ液の成分や働きは、血液とほぼ同じです。ただし、毛細血管を出た時点で赤血球が切り離されるので、赤くはありません。また、血液に比べるとたんぱく質の量が少ないので、血液よりもサラサラしています。

血液は、心臓の収縮による圧力で体内を巡りますが、1周するのにかかる時間は40秒程度。それに対してリンパ液は、1周に約12時間かかると言われています。

これは主に、粘度の違いです。粘度が比較的高い血液は、心臓というポンプの力を使って一気に流すことが必要ですが、粘度が比較的低いリンパ液は、ポンプの力を使わなくても、ゆっくりと流れることができるのです。

実際、安静時にはリンパはほとんど流れませんが、適度に体を動かすことで、その影響を受けて、ゆっくりゆっくりと流れていくのです。

リンパ管には「逆流防止弁」があります

リンパの流れは一方通行です。

リンパ管には逆流を防ぐための「弁」があり、弁と弁の間の「リンパ管分節」の収縮や蠕動《ぜんどう》運動によって、常に一方向に輸送されています。

弁と弁の間隔は、2〜8㎜とされています。弁と弁との中間部では筋線維が発達しており、壁が厚くなっています。

ちなみに、毛細血管の直径は約10マイクロメートル（マイクロはミリの1000分の1）ですが、毛細リンパ管はそれよりは少し太く、20〜75マイクロメートルです。しかし、ともに肉眼で確認するのは難しいとされています。

さて、このリンパ管の周囲に、筋肉の硬化（しこり）があったら、どうなるでしょうか？

リンパの流れには血流ほどの力がないので、圧迫されればすぐに滞ってしまいます。特に、ある程度高齢になると筋肉はどうしても衰えて硬化しますから、定期的にRD深層リンパドレナージを行なうことが、とても大切になってくるのです。

リンパの流れは一方通行

リンパ液は決まった流れでリンパ節に集まります

前節でも少しふれたとおり、リンパ液は一方通行です。常に一方向に流れており、それぞれが、近くにあるリンパ節に集まってきます。おもしろいのは、リンパの流れが左右対象ではないことです。右の上半身のリンパ液は、右の静脈角《じょうみゃくかく》に、左の上半身と両下半身のリンパ液は左の静脈角へと戻るようになっています。左右非対称なのは、心臓が体のやや左側にあるからだと考えられています。

リンパ節についても、改めて説明しておきます。

リンパ節というのは、いわば「フィルター」で、老廃物を含んだリンパ液を濾過《ろか》する役割を担っています。リンパ節は全身におよそ800個あると言われており、形は空豆《そらまめ》形です。複数のリンパ管から入り、出るときには1〜2本の管にまとめられます。上半身のリンパ節は米粒程度、下半身のリンパ節は大豆《だいず》程度の大きさです。

リンパ管には逆流防止弁が

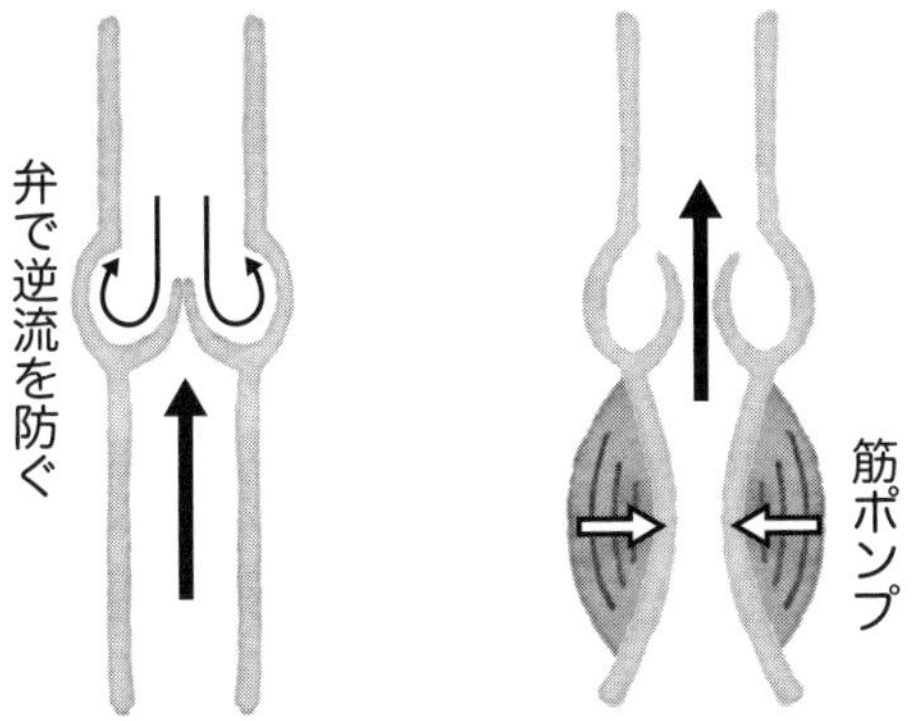

リンパの流れは非対称

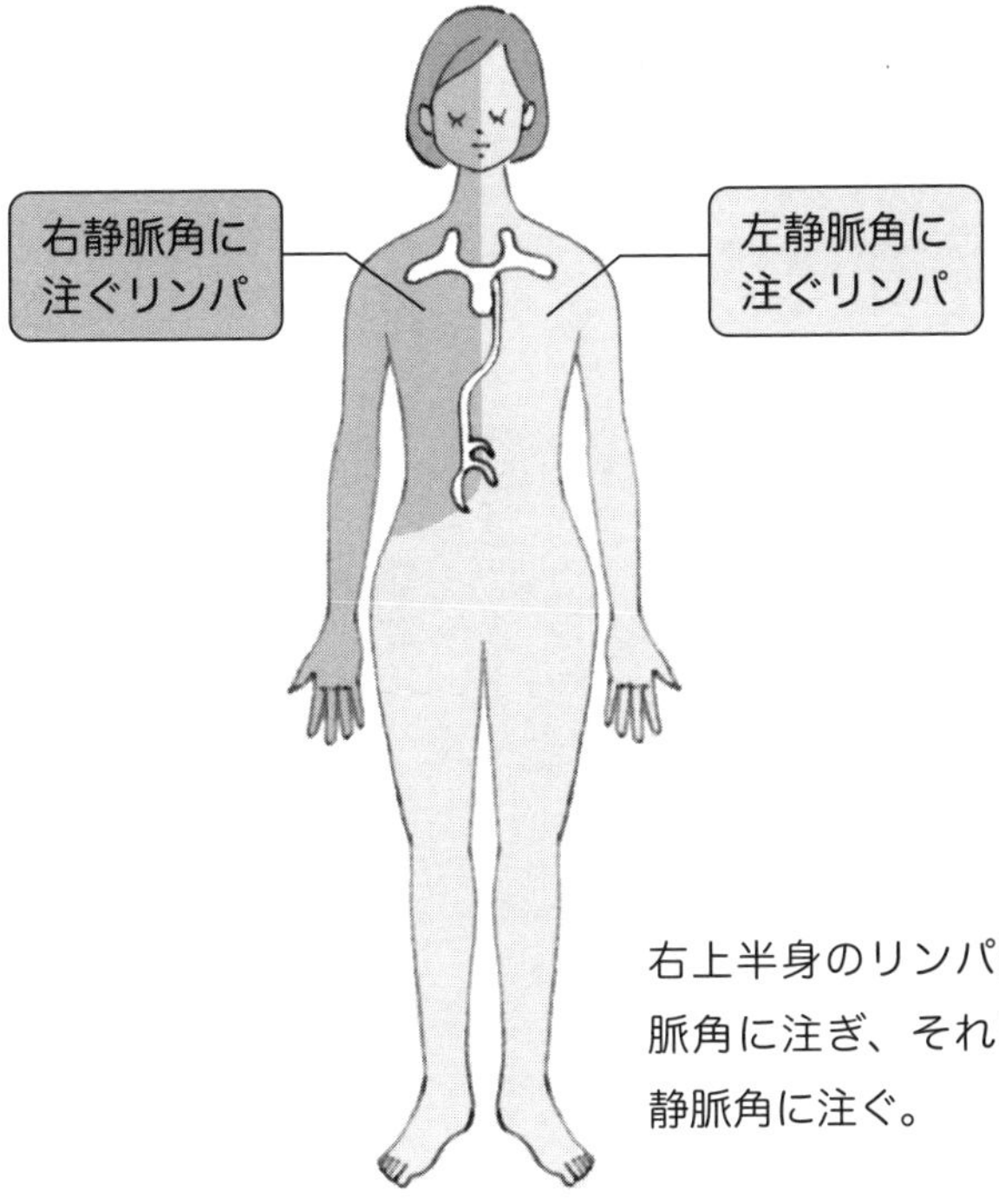

右上半身のリンパ液は右静脈角に注ぎ、それ以外は左静脈角に注ぐ。

リンパと免疫力

リンパ節には免疫防御反応があります

前節で、リンパ節は濾過のためのフィルターだと説明しましたが、リンパ節にはもうひとつ大切な役割があります。それは「免疫防御反応《めんえきぼうぎょはんのう》」です。

リンパ節は、主に網の目状の「リンパ洞《どう》」と、リンパ球が集まっている「リンパ小節」でできています。リンパ節で病原菌などが発見されると、免疫細胞であるリンパ球が活性化し、病原菌を駆逐《くちく》します。風邪《かぜ》をひいたときにリンパ節が腫れることがありますが、それは、免疫細胞が多分に働いているために起きる現象です。

リンパの流れが滞っていると、リンパ球の産生も低下します。さらに、リンパ球自体にも酸素や栄養素が行き届かなくなって弱体化し、免疫力が低下してしまうのです。

本書で紹介する「ＲＤ深層リンパドレナージ」は、リンパ節も意識して行ないますから、免疫機能の維持にも役立ちます。

リンパ節が「やせスイッチ」です

本書のプロローグで、リンパの滞りのある部分は、いわば「太りスイッチ」であると述べました。

それに対し、リンパ液の関所であるリンパ節は、「やせスイッチ」だと言えます。その中でも特に私が重要視しているのは、「わき」と「腹部」、そして「足のつけ根（鼠径部《そけいぶ》）」のリンパ節と「ふくらはぎ」です。

これらが、太りにくい体にするための大切なターミナルポイントとなります。

ＲＤ深層リンパドレナージの方法は、ＰＡＲＴ３で紹介します。

どうしてあなたのリンパは滞ってしまう？

「ジッとすること」と「締めつけること」が原因です

血流の停滞は、脂質過多、糖質過多の食習慣や血糖値の乱高下《らんこうげ》などによる血液の「ドロドロ化」や血栓《けっせん》の発生、また、血管自体が障害されることなどで起こります。

では、リンパの滞りは、どういった要因で生じるのでしょうか？

まず挙げられるのは、ジッとすることです。先にも述べたように、安静時のリンパはほとんど動いておらず、体を動かしたときに、その影響（牽引《けんいん》）を受けて流れます。

ですから、運動不足はもちろん、座りっぱなし、立ちっぱなしといったように「同じ姿勢を取り続けること」は、リンパの流れを悪くする原因になります。

そして、矯正《きょうせい》下着やタイツ、スキニーパンツなど、極端に体を締めつける衣服も、できれば避けたほうがよいでしょう。

日常生活の中でそうした状態が続いていないか、一度確認してみてください。

ストレスも機能を低下させます

リンパ節は、私たちが健康に暮らすために、とても大切な役割を担っていますが、それらが適切に機能するためには、自律神経とホルモン、そして免疫機能のバランスが取れていることが必要です。

たとえば、過度のストレスを抱えると、免疫細胞の数が激減することが知られており、その結果、リンパ節の浄化作用が思うように発揮できなくなります。

また、ストレスは毛細血管を収縮させてしまうので、リンパ末梢によるリンパ液の回収機能も低下させます。そしてそれらが、体の「むくみ」に直結します。

このような「ストレス太り」もあるので、日頃からストレスを軽減し、ストレスがあったとしても、じょうずに解消し、うまくつきあっていくような暮らしを心がけることが大切です。

column

老廃物を回収する仕組み

私たちの体の細胞は、すき間なく整然と並んでいるのではなく、少しずつすき間をあけて並んでいます。

リンパが最初に入る「リンパ末梢」は細胞周辺にありますが、舗装された道路ではなく、いわば獣道《けものみち》。その人の生活習慣の中でよく使う経路が踏み固められて自然に道ができるように、リンパの通り道が形成されます。

リンパ末梢からは「フィラメント」と呼ばれる細い枝が出ており、体を動かすことで牽引力が加わり、リンパ末梢の開口部を開き、そこからリンパ液を回収します。

フィラメントは皮膚の中にあるコラーゲンなどに引っかかっていますから、加齢などでコラーゲンが減少すると、リンパの回収機能が低下することがあります。

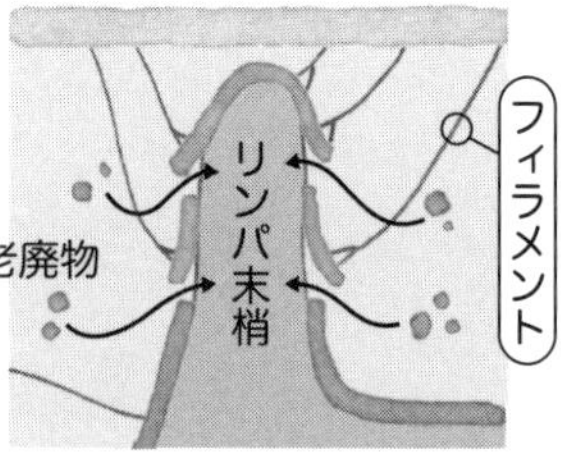

フィラメントの糸が引っ張られるとリンパ末梢の合わせ目（開口部）が開いてリンパ液が回収される。

PART 2

リンパと筋肉の関係

筋肉が硬くなるとリンパは流れなくなる

リンパに詰まりがなければ日常動作で充分流れます

ＰＡＲＴ１では、「リンパ」について説明しました。「リンパ」が体のどこを流れていて、何を司《つかさど》り、どうすれば滞ってしまうのかが、理解いただけたかと思います。続く本パートでは、「ＲＤ深層リンパドレナージ」のもうひとつの大切な要素である、「筋肉」について説明します。

ＰＡＲＴ１において、リンパは筋肉の動きによって、ゆっくりと流れることを説明しました（22ページ）。「筋肉の動き」といっても、激しい運動が必要なわけではなく、滞りや詰まりがない場合は、日常動作で充分にリンパは流れます。

しかし、むくみが原因で肥満傾向にある方は、すでに体のどこかにリンパが停滞している箇所があることが考えられますから、それを解消しないといけません。停滞＝むくみであり、私はそこに、「筋肉の硬化」が関係していると考えています。

筋肉が硬くなるとリンパの流れが妨げられてしまいます

みなさんは、首や肩のこり、腰痛などで悩んでいませんか？
それらの原因の多くは、「炎症」です。つまり、筋肉が傷つき、硬くなっているのです。
軽い痛みの場合には、入浴で温めるなどして血行をよくすると、ある程度は軽快します。血液によって酸素や栄養素がたくさん運ばれることで筋肉がゆるみ、傷を修復できるからです。

けれども、こりや痛みが慢性化すると、筋肉が強固に硬くなってしまい、温めた程度では簡単には回復・改善しません。

さらに、筋肉周辺の血管やリンパ管も圧迫され、リンパの流れが妨げられてしまいます。

リンパの流れが滞ると、水分や老廃物が溜まり、それが「むくみ」となって表れるのです。

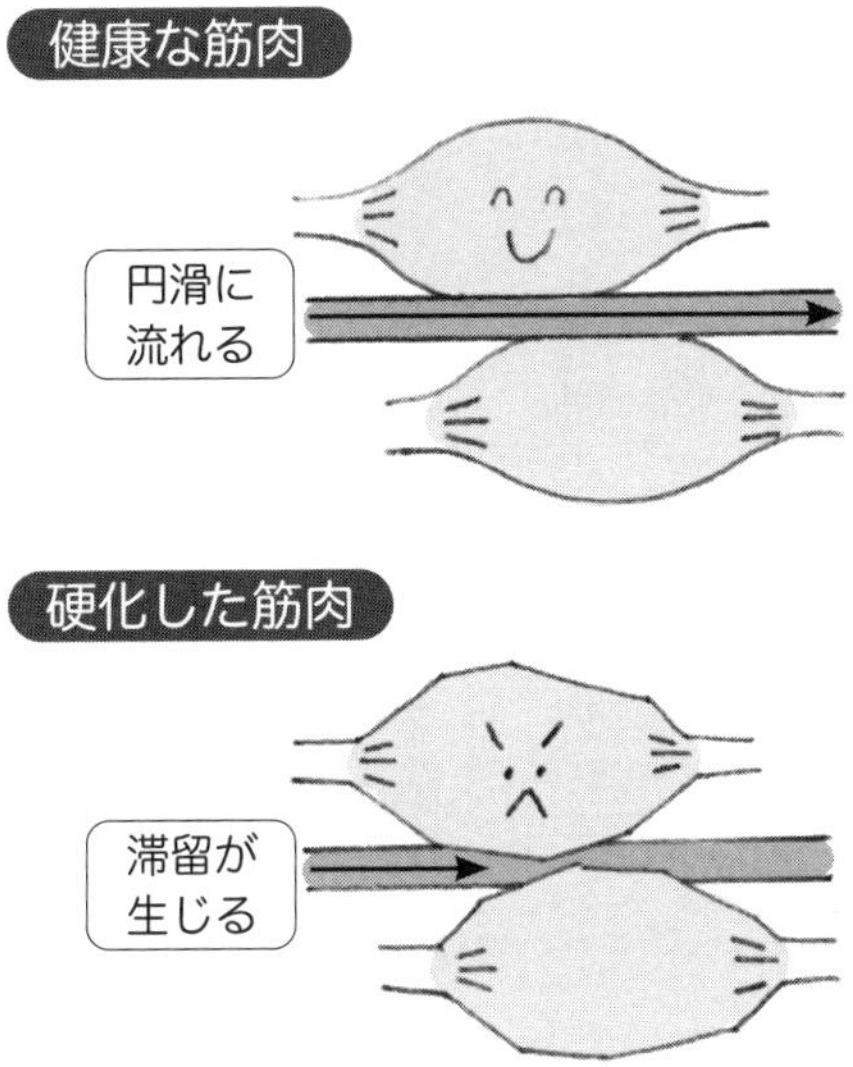

硬くなった筋肉に運動は逆効果

加齢や運動不足によって筋肉は細く、短く、そして硬くなります

筋肉は、運動不足や加齢によって、しなやかさを失います。収縮した状態で硬くなるので、伸び縮みがしづらくなり、「しこり」などができることによって周辺の血管やリンパ管を圧迫します。これは病気などではなく、誰にでも起こり得ることです。

筋肉が硬くなると、次第にそのままやせてしまい、正常な筋肉に比べて細く、短く、そして、さらに硬くなってしまいます。

そして、筋肉がゆるみにくくなると、体にしなやかさがなくなるだけでなく、不均衡やゆがみが生じ、それが、痛みやこりを引き起こします。

無理な運動は避けましょう

たとえばデスクワーク。1日中同じ姿勢で座っていると、腰をはじめ、肩や首まわ

りがゴリゴリにこってしまうことがありますよね。庭の草むしりや大掃除などでも、同じようなことがあるでしょう。

それが数日のことであれば、先に説明したように、入浴して温まったり、痛いながらも少し動かしたりするなどして血行をよくすれば、回復します。

しかし、このような状態が長く続き、筋肉が硬くなってしまったとき、回復を目的として無理に動かすのは逆効果です。

筋肉は線維でできており、それが伸縮することでしなやかに動くわけですが、筋肉が硬くなっているときは、この筋線維が縮んだままになってしまっています。

そうした状態で無理に動かすと、筋線維が切れてしまったり、関節がゆがんでしまったりと、重症化しかねません。

したがって、無理をして運動を行なおうとする前にまず心がけたいのは、筋線維をほぐす、つまり、筋肉をゆるめることです。筋線維がほぐれれば伸縮性は向上し、血液やリンパ液などの体液の循環も円滑になり、基礎代謝が向上することで、やせて太りにくい体になっていくのです。

筋肉の硬化は「くすみ」や「シワ」の原因にもなる

筋肉による不調にはいろいろなものがあります

筋肉が硬くなると、さまざまな不調が見られるようになります。いくつか挙げてみましょう。

☑疲れやすくなる

筋肉を動かすためのエネルギー源の生成が低下します。エネルギーが減るわけですから、持久力も低下し、少し動いただけでも疲れやすくなります。

☑繊細な動きができなくなる

筋肉の長さや収縮スピードなどを感知する筋紡錘《きんぼうすい》の機能が低下します。筋肉同士の細かな調整ができなくなり、針に糸を通すといった繊細な作業がしづらくなります。

☑**ケガが増える**

関節の可動域が狭くなるため、動きが鈍くなります。柔軟性もそこなわれるので、ケガが多くなります。

☑**肌がくすむ**

血液やリンパ液など、体液の循環が悪くなることから、血色などが悪くなります。

☑**免疫力が低下する**

リンパ液に含まれる老廃物がリンパ節で目詰まりを起こし、循環障害を引き起こすと免疫機能が低下し、ウイルスや細菌に感染しやすくなります。

☑**シワが増える**

顔の「表情筋」は、その片側に表皮、もう片側に骨がついています。筋肉のこわばりによって片側が突っ張ってしまうと、ゆがみや変形、シワの原因となります。

「筋線維」には方向がある

骨とつながっている筋肉を「骨格筋」と言います

ここで、筋肉そのものの構造に目を向けてみましょう。

私たちが一般に「筋肉」と呼んでいるのは、骨とつながっている「骨格筋」のことです。そのほか、心臓や他の臓器にも筋肉はありますが、自分で動かすことができ、鍛えることで大きくすることができるのは、骨格筋だけです。

筋肉は、「肉」といっても塊《かたまり》ではなく、「筋線維」と呼ばれる線維が束ねられてできています。一本一本の筋線維は、筋膜《きんまく》という薄い膜で覆われており、筋膜と筋膜の間にも、リンパ液を含む体液が存在しています。

筋線維は、筋肉の部位によって方向が異なります。「RD深層リンパドレナージ」を行なうときには、この筋線維の方向を、しっかりと意識することが大切です。

筋線維の方向はさまざま

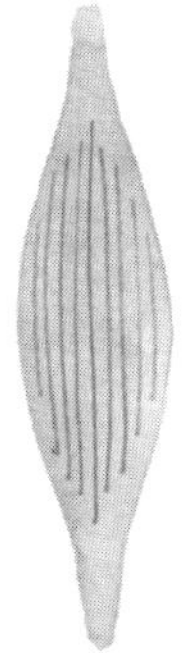

紡錘状筋《ぼうすいじょうきん》

筋肉の基本となる形状。筋線維が腱と並行に配列し、その両端が細く、中央が太い。

例 上腕筋《じょうわんきん》

羽状筋《うじょうきん》

筋線維が腱に向かって斜めに配列し、鳥の羽のように見える。羽状筋が両側にある。

例 大腿直筋《だいたいちょくきん》

半羽状筋《はんうじょうきん》

斜めに走行する筋が片側だけにある。

例 後脛骨筋《こうけいこつきん》

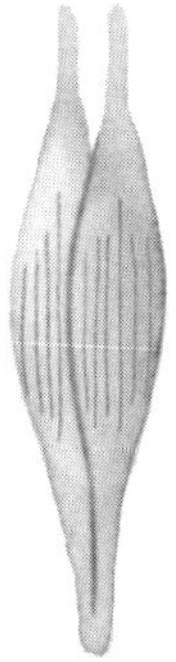

二頭筋《にとうきん》

筋頭が２つある。

例 上腕二頭筋《じょうわんにとうきん》

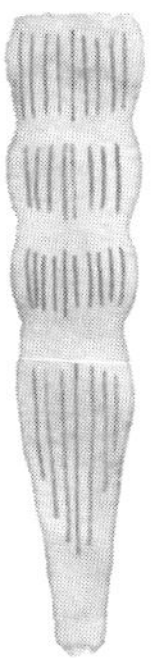

多腹筋《たふくきん》

筋腹が複数の腱で分かれている。

例 腹直筋《ふくちょくきん》

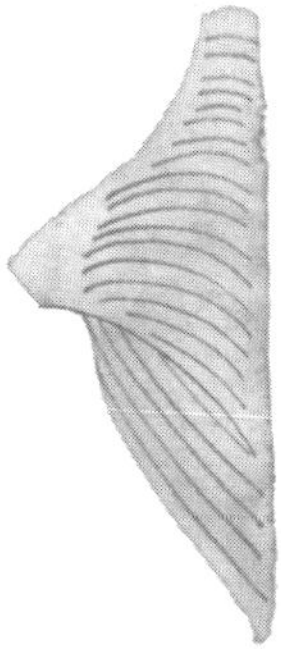

板状筋《ばんじょうきん》

板状の筋肉。

例 外腹斜筋《がいふくしゃきん》

「深層筋」は骨と筋肉の間でがんばっている

筋肉と骨とをつなぐ筋肉が「深層筋」です

「RD深層リンパドレナージ」でアプローチするのは、「深層筋《しんそうきん》」です。

深層筋は私が名づけたもので、一般に言われる「インナーマッスル」とほぼ同じと考えてください。ただ、一般的にインナーマッスルは、体幹を支える体の中心部の筋肉だけが捉えられることが多いのですが、深層筋はそういったインナーマッスルも含めて、体を動かすために使われる筋肉と骨とをつなぐ筋肉のことを指しています。

例を挙げましょう。太ももを見てください。

太ももの外側に、「外側広筋《がいそくこうきん》」という大きな筋肉があります。太ももに力を入れると盛り上がる部分です。また、太ももには「大腿骨《だいたいこつ》」という大きな骨がありますが、この外側広筋と大腿骨は、両者の間にある「中間広筋《ちゅうかんこうきん》」でつながれています。

私はこの中間広筋のような筋肉のことを、深層筋と呼んでいるのです。

深層筋は常に必死です

深層筋は、働き者です。

太ももの例で言えば、外側広筋を含め内側広筋《ないそくこうきん》、大腿直筋《だいたいちょくきん》は中間広筋というやわらかな深層筋にくっついています。たとえばハイヒールで階段を降りるとき、これらの筋肉は、前面をグッと伸ばしてバランスを取ります。

一方、深層筋である中間広筋は、外側広筋、内側広筋、大腿直筋を支えるために骨の表面につき、表層のこれらの筋肉が安定して働くように固定し、支えているのです。

この「伸びようとするのを引き止める動き」が、筋肉にはもっとも負担になります。深層筋にはそのようなシチュエーションが多く、常に「必死にがんばっている」と言えるのです。

一石二鳥のリンパドレナージ

筋肉のこわばりは早期に手を打つ必要があります

筋肉の負担となる「伸びようとするのを引き止める動き」は、「エキセントリックコントラクション（ＥＣ）」と呼ばれます。

ＥＣは、日常生活でも頻繁に起こります。たとえば、おしりの外側にある中臀筋《ちゅうでんきん》。この筋肉は、立ったり座ったり歩いたりという日常動作の間中、ＥＣの状態にあります。試しにおしりの外側を触ってみてください。筋肉が硬くなっていませんか？

硬くなったままの筋肉を放置すると、筋肉だけでなく、筋線維を包んでいる筋膜も硬く縮んでしまいます。こうなると筋肉に酸素や栄養素が届きにくくなり、さらに強固に硬くなってしまったり、筋細胞が死んでしまったりすることもあります。

筋肉の硬化や炎症（主に痛みと考えてください）が慢性化しないうちに手を打つことが、とても大切なのです。

深層筋がしなやかになれば基礎代謝が上がります！

そこで、「ＲＤ深層リンパドレナージ」です。

ＲＤ深層リンパドレナージは、リンパの流れをよくするために、そのポンプ役を担う深層筋にアプローチするものです。

深層筋に刺激を与えることで、深層筋自体をもみほぐすことになるので、しなやかさや弾力性を取り戻すことにつながります。また、基礎代謝の向上と維持にも役立ちます。

深層筋が元気に動くことと、リンパがスムーズに流れることとは、表裏一体の関係にありますから、ＲＤ深層リンパドレナージは、まさに「一石二鳥」なのです。

いいね！
＼リンパドレナージ／

深層筋にアプローチするリンパドレナージ

「筋肉から絞り出して流す」イメージです

「RD深層リンパドレナージ」を行なう際は、筋線維の方向を意識することが大切であると、先に説明しました。リンパ液などの体液は、細胞間だけではなく、筋肉の中、つまり筋線維と筋線維のすき間にも存在しています。逆に言えば、リンパ液を含む体液の中に、筋肉が浸かっている状態ということでもあります。

RD深層リンパドレナージでは、そうした「筋線維のすき間にある体液」を、筋線維の方向に沿ってギューッと絞り出して表層（皮膚の直下）に移し、今度はリンパ節の方向に皮膚をやさしくなでさすって、表層に移った体液をリンパ節に送り込んでいきます。

水をたっぷり含んだタオルの端を、両手でギュッと握って反対の端へスライドさせると、水が染み出してきますよね？　RD深層リンパドレナージは、そんなイメージです。

深層筋をギューッと絞るイメージ

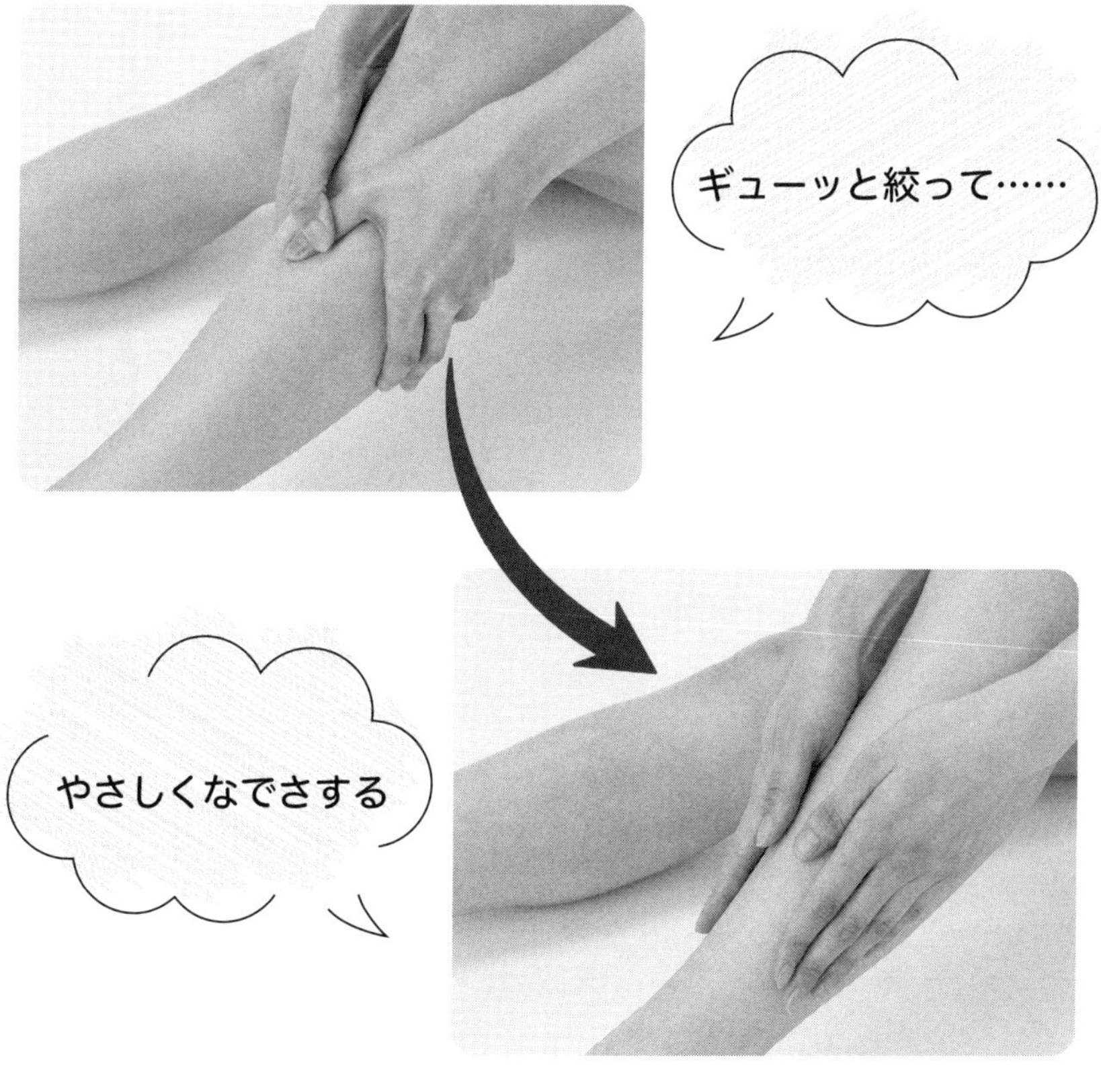

「痛気持ちいい」くらいグッと押し込む

拇指球を押し込んでグーッと押し続けましょう

「RD深層リンパドレナージ」の「勘どころ」とも言えるのが、前節で述べた「方向」と、もうひとつは「圧力」です。特に、RD深層リンパドレナージをセルフケアとして行なう場合、「どのくらいの力で行なうのか」は、とても大事なところです。

イメージとしては、手の親指のつけ根のふくらんだ部分（拇指球）あたりで該当ポイントをグッと押し込み（押圧《おうあつ》）、そのまま筋線維に沿って、グーッと押し続けます。感覚としては、「痛《いた》気持ちいい」くらいの感じです。

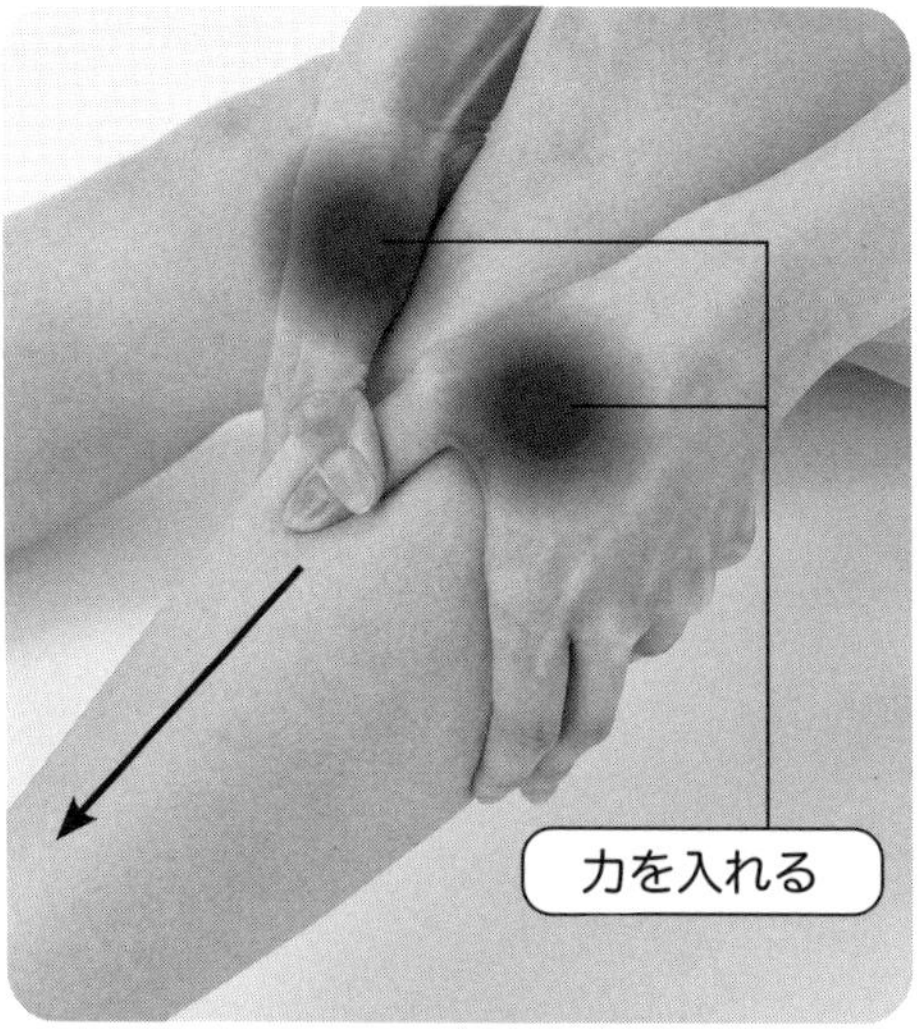

グーッと押し続ける

RD深層リンパドレナージの注意点

①腰痛や肩こり、過去の痛みが再発しそうな不安を感じる場合は行なわない。

②押圧《おうあつ》で強い痛みや鋭い痛みを感じたらすぐに中止。

③押圧するポイントの周辺や離れたところに別の痛みやしびれが生じる場合は、一時的に中止。ただし、押圧することでその症状が軽減する場合は続けても大丈夫。

④素肌で行なってもよいが、できればマッサージ用のオイルやクリームを使用すると、肌の保護とともに深層筋へのアプローチも、より効果的に。

しこりは入念にほぐしましょう

深層筋に対してグーッと圧力をかける中で、痛みやしこりを見つけたら、その部分を念入りにほぐしましょう。目指す感覚は、ズーンと感じる「重い痛気持ちよさ」です。

1回でしこりを取ってしまおうと考える必要はありません。実際、強固なしこりをセルフケアで解消するのは、かなりの時間を要する場合が多いのです。

もし、押圧したときに強い痛みや鋭い痛みを感じた場合は、すぐに中止してください。また、圧力をかけたポイントと違うところに痛みやしびれを感じることがありますが、その場合も、一時的に中止したほうがいいでしょう。

「リンパドレナージ」4つのメリット

PART1ではリンパに、本パートでは筋肉に焦点を当てて、説明してきました。ここで改めて、「RD深層リンパドレナージ」のメリットをおさらいしておきます。

1 深層筋を元気にしてリンパの流れをよくする

リンパの流れをサポートしているのは、「深層筋」のしなやかな動きです。

RD深層リンパドレナージでは、筋線維に沿って、強めの圧力をかけることで、深層筋にしっかりアプローチ。手の力で外から一時的にリンパを流すだけではなく、深層筋を元気にすることで、根本からリンパの流れをよくします。

2 「再活性」で太りにくい体になる

深層筋が元気になると、筋線維がしなやかになるだけでなく、「再活性」が起こります。再活性とは「元気になること」ですから、活動のためのエネルギーが、より必要になります。エネルギーがより必要になれば、基礎代謝が向上し、体に「余り」として蓄積される脂肪が減って、やせて太りにくい体になります。

3 ハリやうるおいがよみがえる

深層筋が元気になると、新陳代謝が改善します。体のすみずみに新鮮な酸素と栄養素が行き渡り、二酸化炭素と老廃物が適切に排出・回収されます。

結果として細胞の持久力が増し、肌や髪といった体の末端まで、ハリやうるおいがよみがえってきます。

4 年齢にかかわらず誰でも取り組める

RD深層リンパドレナージに、特別な道具や器具は不要です。また、激しく体を動かす必要もないので、足腰や体力に自信がない方でも大丈夫です。

筋肉は何歳になっても鍛えられるものですから、効果にも年齢差はありません。

RD深層リンパドレナージは、いつでもどこでも、誰にでもできるメソッドだからこそ、継続することが簡単であり、効果もテキメンなのです。

column

解剖観察をしたときのこと

私が柔道整復術を学んでいた学生の頃、解剖《かいぼう》観察に立ち会って実際に筋線維を見たことがあります。

そうした機会は現代においてはあまりなく、私のキャリアの中でも、礎《いしずえ》のひとつと言える貴重な経験でした。

PART2の本文で、筋肉を形成する筋線維には方向があるということについて、説明しましたよね。

もちろん座学の時点で知識としては知っていたことなのですが、実際に筋線維を見てみると一目瞭然《いちもくりょうぜん》。地面に向かってまっすぐ（垂直）に走っていると思われがちな筋線維ですが、垂直なものはほとんどなく、大半が斜めに走っていたのです。

みなさんが筋線維を実際に目にする機会は、さすがにないかもしれませんが、「ＲＤ深層リンパドレナージ」を行なう際は、できるだけ筋線維をイメージしてやってみてください。効果が全然違ってくると思いますよ。

PART 3

朝・夜3分の「やせスイッチ・リンパ」で全身がみるみるやせる！

はじめましょう「リンパドレナージ」

硬くなった筋肉をゆるめてリンパを流します

本パートで実際に「ＲＤ深層リンパドレナージ」を始めていただくにあたって、改めて説明しておきます。

ＲＤ深層リンパドレナージの「ドレナージ」には、「排液」という意味があり、硬くなった筋肉（特に深層筋）をゆるめることで、細胞から排出される老廃物を含んだリンパや体液を円滑に流し、基礎代謝を向上させることを目的としています。

基礎代謝が向上するということは、体の機能がよくなるわけですから、エネルギーの摂取と消費が過不足なく執り行なわれます。

そうすると、やせて太りにくくなるとともに、腰痛や肩こりなどの不調も解消されていきます。

筋肉がゆるめば細胞が元気になります

太る原因のひとつに、筋肉の硬化による「むくみ」が挙げられますが、RD深層リンパドレナージによって筋肉がゆるめば、リンパの滞りが解消され、体のむくみもなくなります。

その結果として、筋肉の「再活性」が起こって新陳代謝が上昇し、やせやすい体、あるいは、太りにくい体になっていきます。

新陳代謝がよくなるということは、老廃物の排出が円滑になるだけでなく、酸素や栄養素が体のすみずみにまでしっかり行き渡ることにもつながりますから、それによって細胞がますます元気になり、体が本来持つ持久力や柔軟性、肌のハリやツヤ、うるおいなどを取り戻すことにもつながっていくのです。

「リンパドレナージ」の「やせスイッチ」はココ！

わき、おなか、足のつけ根、ふくらはぎ

「ＲＤ深層リンパドレナージ」は、硬くなった筋肉をゆるめてリンパ液が滞りなく流れるようにし、基礎代謝の向上・維持を図ることで、肩こりや腰痛なども軽減できます。しかし、毎日時間をかけるのは大変ですし、「効率よくやせたい」と考えるのが人情というもの。そんな「わがまま」に応えるのが、「やせスイッチ・リンパ」です。

「やせスイッチ・リンパ」は、次ページに挙げる「やせスイッチ」を意識して、リンパ液や体液を集めるように流すことで体を活性化するＲＤ深層リンパドレナージです。本書のタイトルでは便宜上「スイッチを押す」と表現していますが、リンパ液や体液を集めるように流すことが、本来の「やせスイッチ・オン」であると考えてください。

もちろん「やせスイッチ」に直接アプローチしても効果は得られますが、その際は、グイグイと押すのではなく、やさしく回しもむほうが、より効果的です。

「やせスイッチ」はココ！

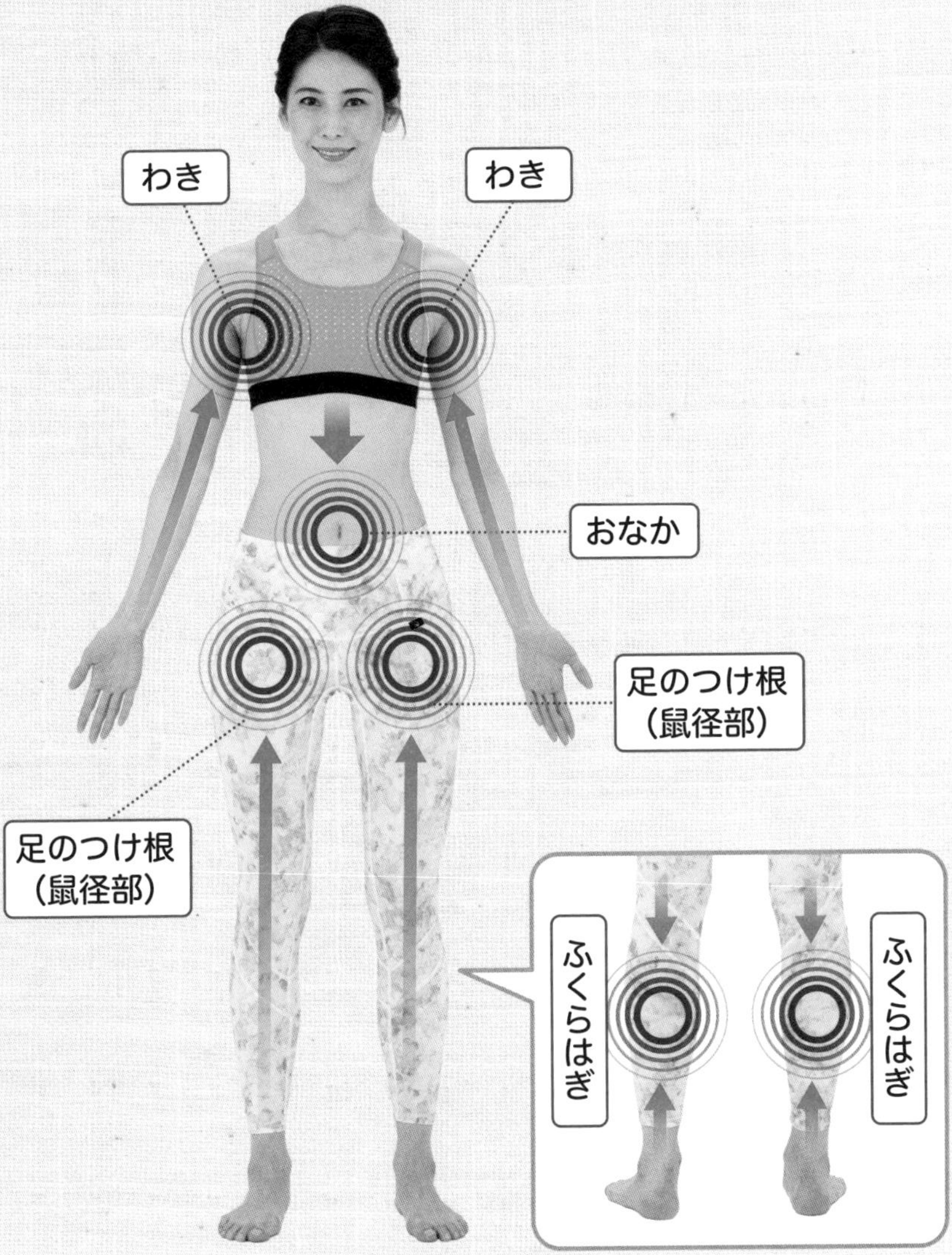
わき
わき
おなか
足のつけ根
（鼠径部）
足のつけ根
（鼠径部）
ふくらはぎ
ふくらはぎ

「朝と夜」にやれば効く！

朝・夜約3分のプロセスで全身がみるみるやせます

「RD深層リンパドレナージ」に、時間帯や回数の制約はありません。いつでもかまいませんし、1日のうちに繰り返し行なっても問題ありません。また逆に、毎日必ず継続して行なわないと効果が得られない、というものでもありません。

目指したいのは、がんばりすぎず軽めでいいので、毎日の習慣にすることです。

本パートでは、「朝のやせスイッチ・リンパ」「夜のやせスイッチ・リンパ」として、一連のプロセスを紹介します。

朝と夜、それぞれ約3分のエクササイズです。まずは、これらを身につけることを目標にしましょう。時間や気持ちに余裕があるときには、朝と夜の一連の流れを、通して一度に行なってもかまいませんし、時には朝と夜を入れ替えても大丈夫です。そうすることで「やせスイッチ・リンパ」が定着すれば、さらなる効果が期待できます。

はじめましょう「やせスイッチ・リンパ」

夜

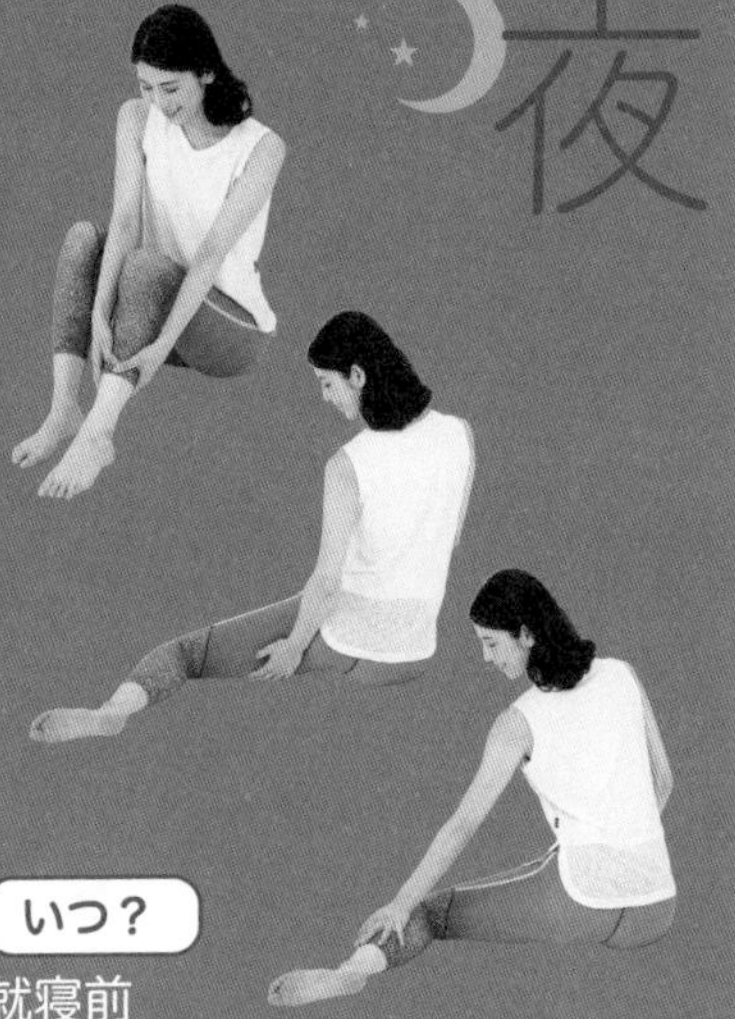

いつ？

就寝前
下半身がだるいときも効果的

朝

いつ？

起床後
上半身がだるいときも効果的

「朝」と「夜」を通して行なったり、入れ替えたりしても効果的！

どこで？

基本的にはベッドや布団の上が行ないやすいですが、リビングなどでも大丈夫。

服装は？

締めつけの少ない、動きやすい格好で行なうとよいでしょう。

押す強さは？

押し下げるときは、「痛気持ちいい」と感じられるくらい、グーッと押します。反対に、さすり上げるときは、やさしく包み込んで行ないます。

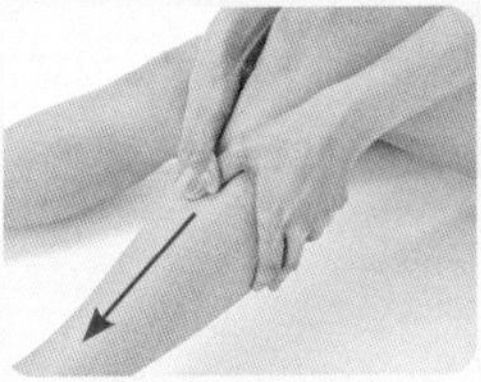

グーッと押し込む

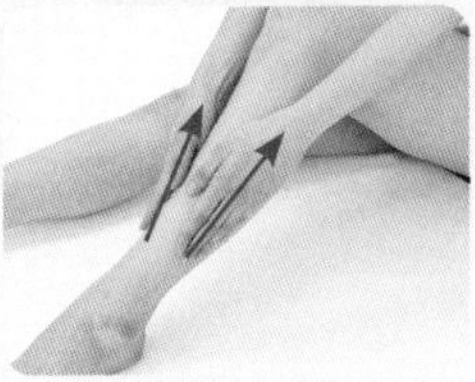

やさしくさする

朝の「やせスイッチ・リンパ」

1

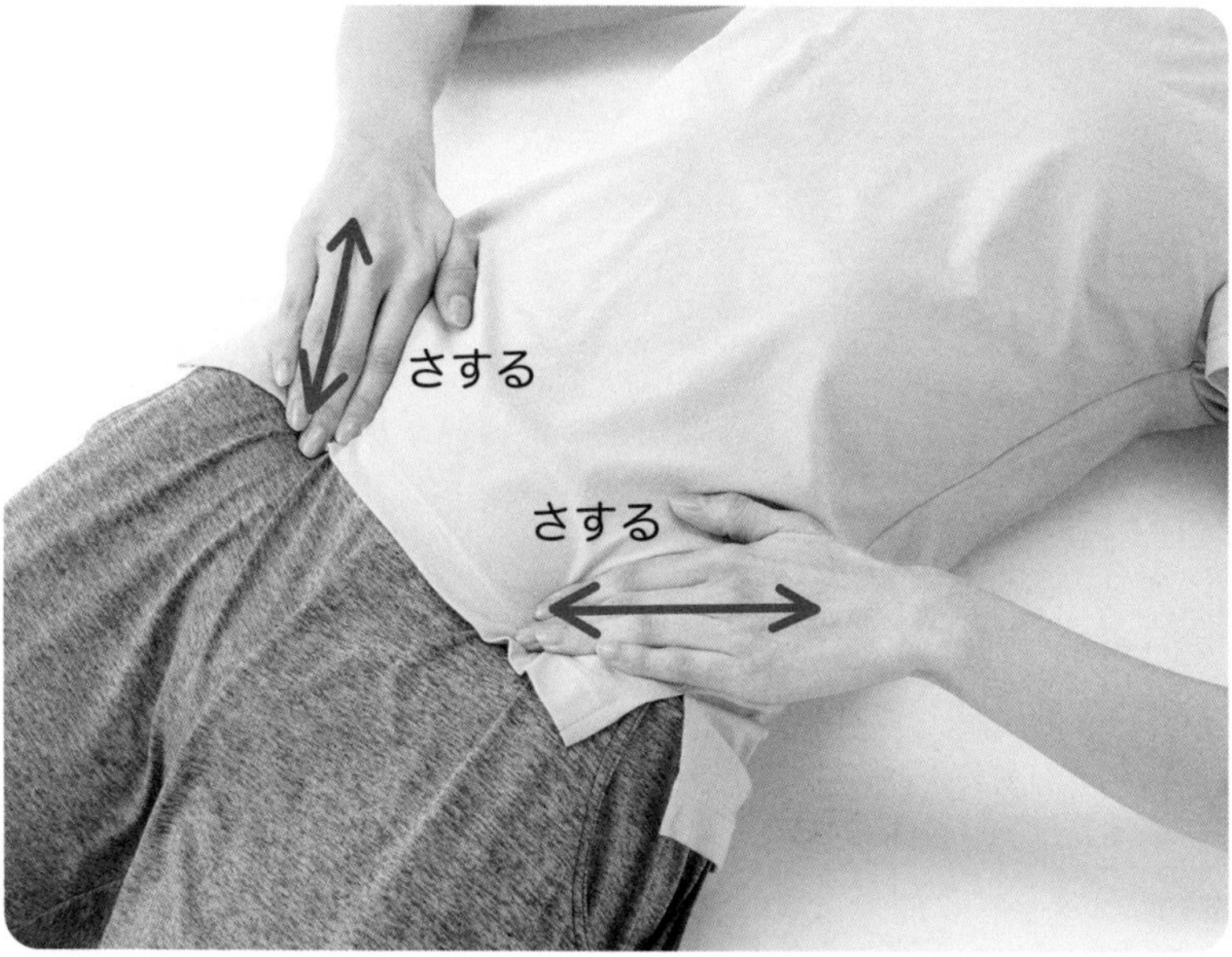

下腹の両側

☞仰向けに寝て、下腹に両手を添え、軽くさすります。

起床時に、おなかまわりからわきのリンパのめぐりを刺激。上半身のリンパを整えることで、1日のスタートを気持ちよく準備しましょう。

2

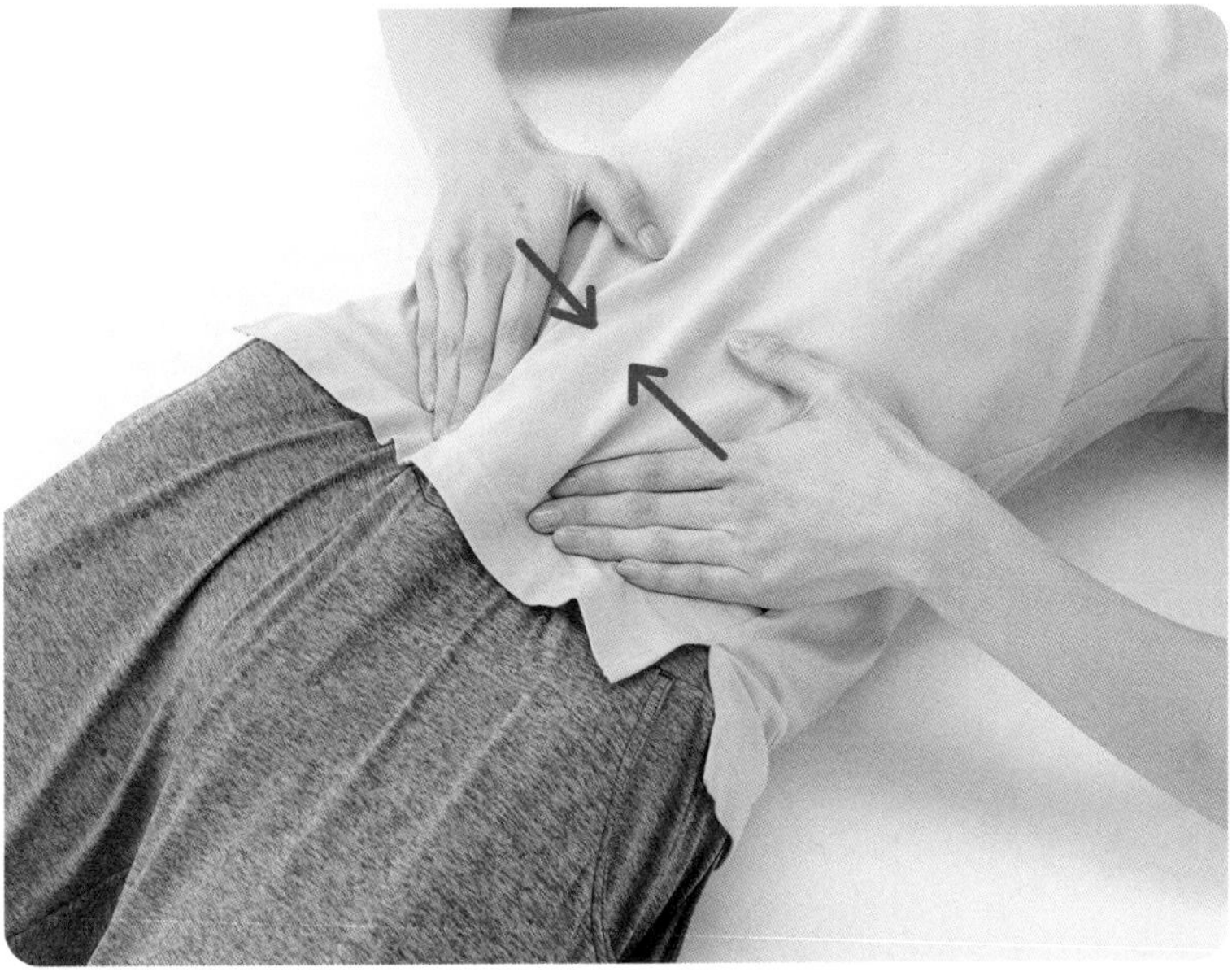

真ん中に絞る

添えた手をおへそに向かってギュッと寄せて下腹をつまむようにします。

3

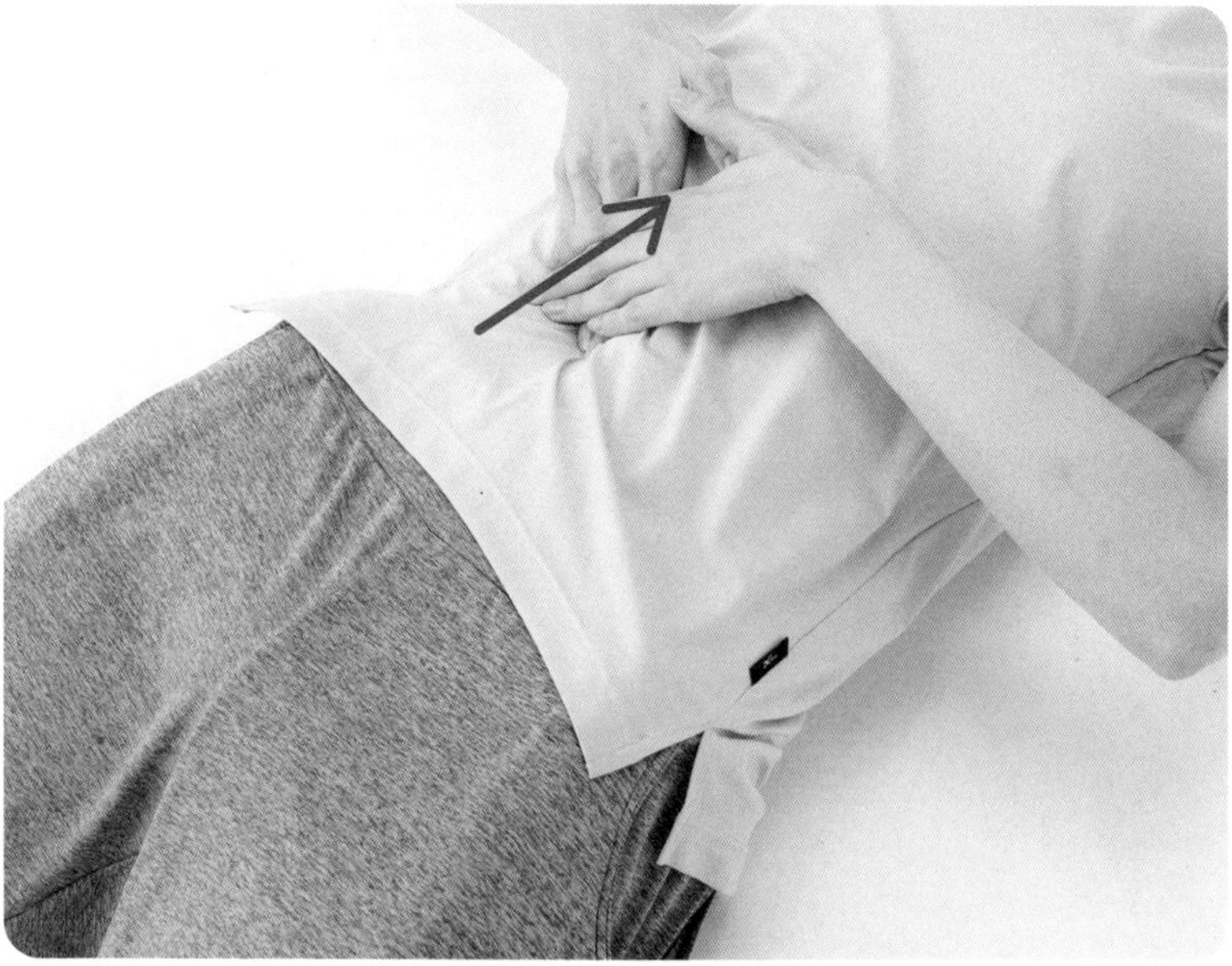

右下腹からタテに

☞両手の指先を重ねて右下腹のあたりに添え、グッと押しながら肋骨のあたりまで引き寄せます。

4

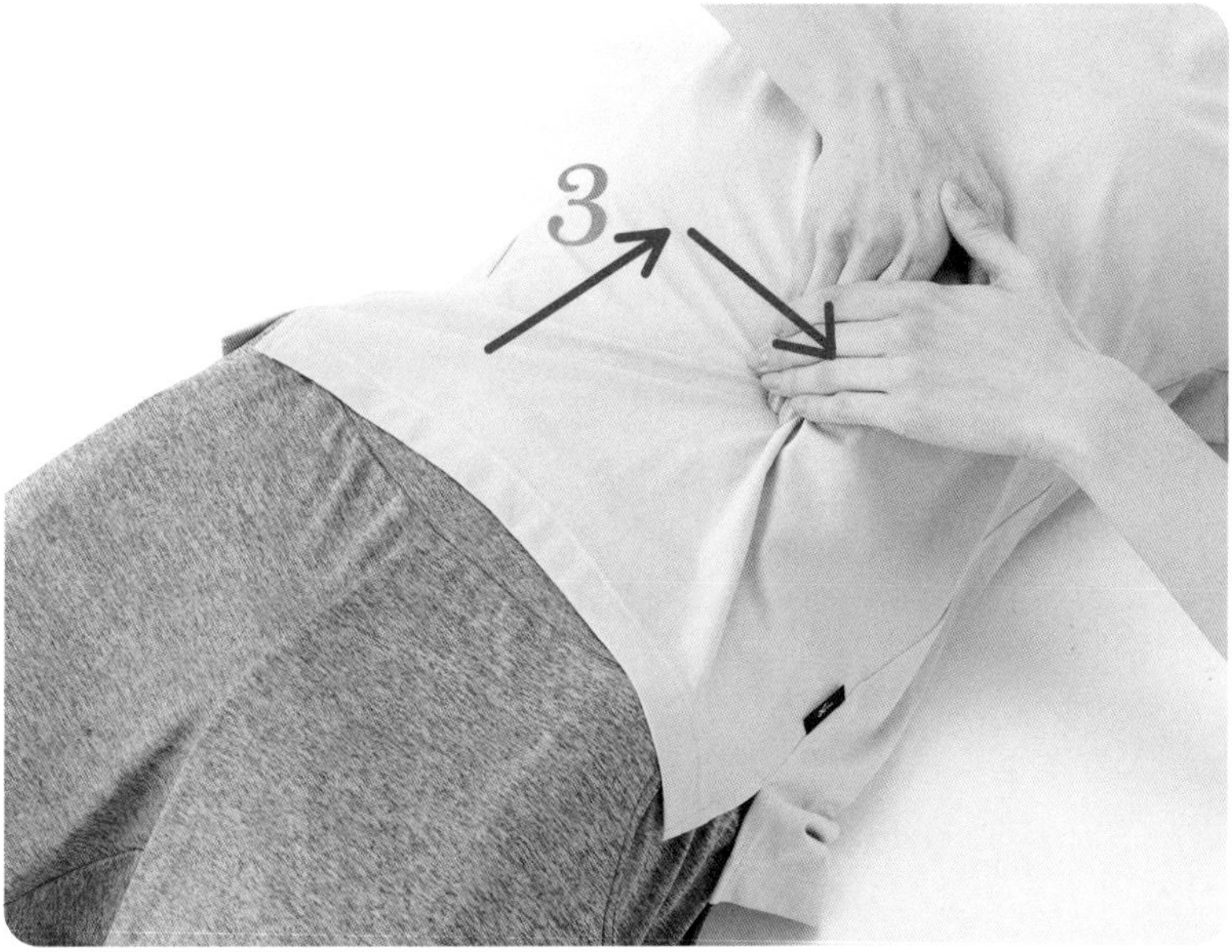

左にずらす

☞肋骨のあたりまできた手先を、今度は左へスライドさせます（グッと押したまま）。

5

大腸をなでるイメージで！

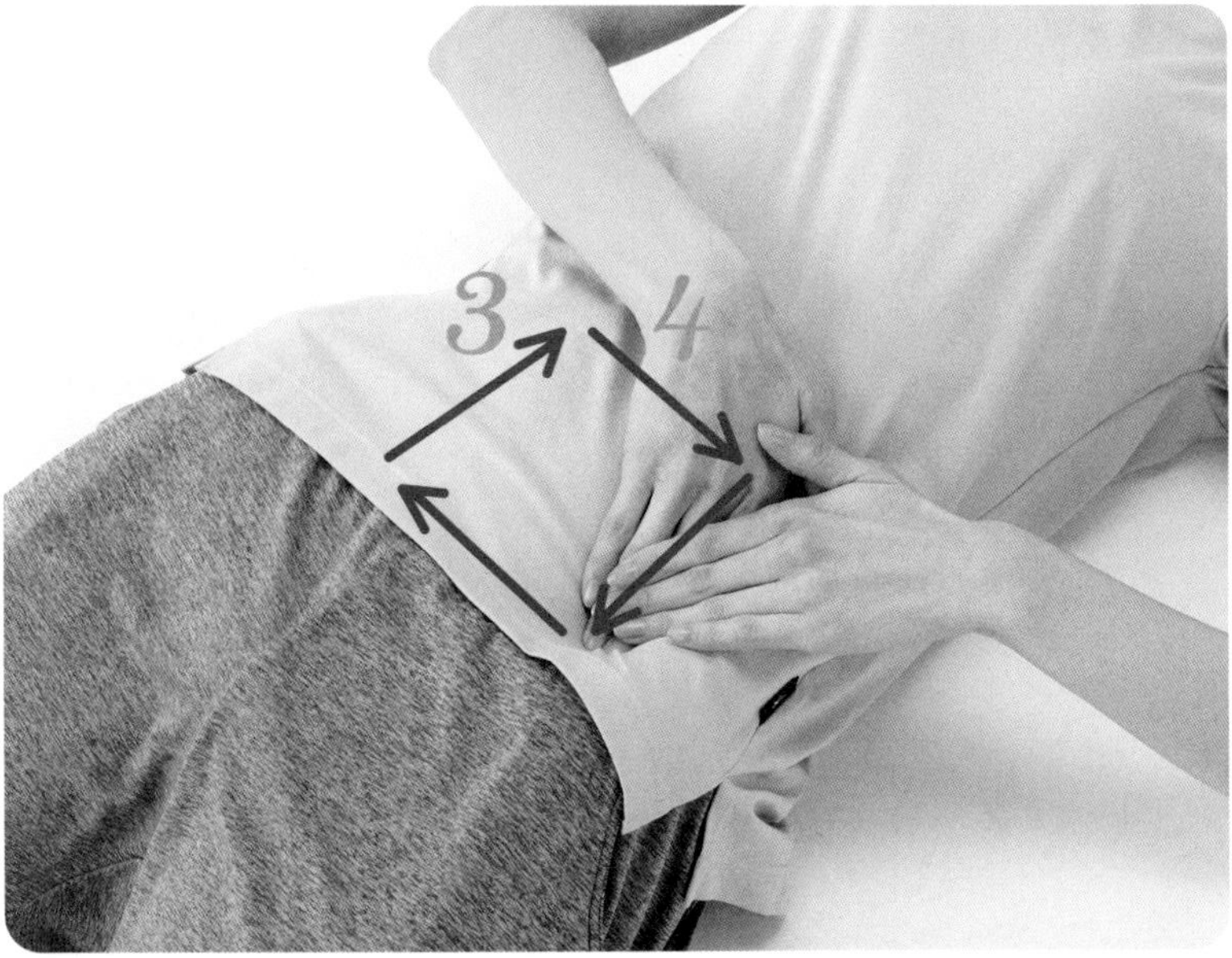

下腹へタテに

👉左にスライドさせた手先を、今度は左下腹まで押し下げ、中央に戻します（グッと押したまま）。

6

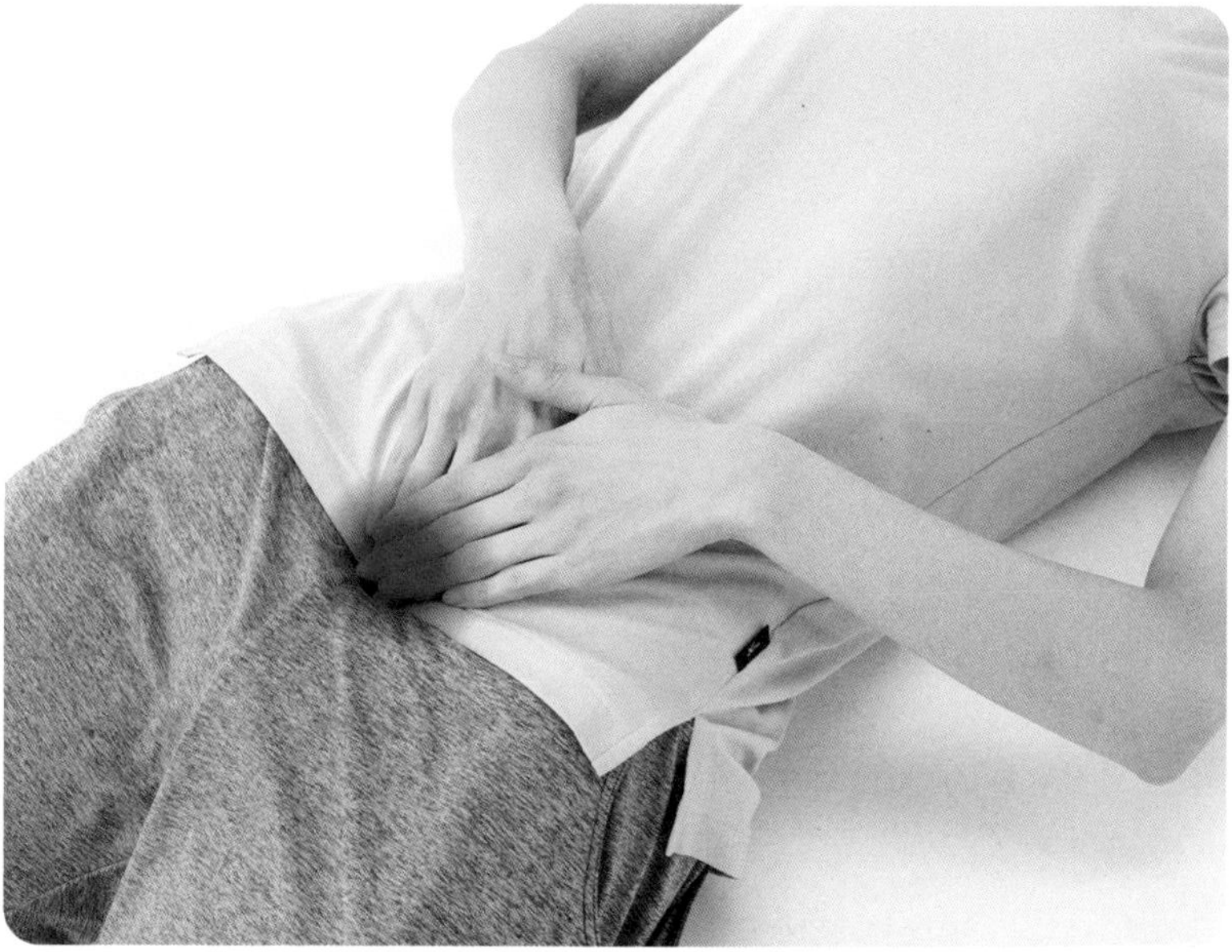

下腹

☞大腸に沿って流したリンパをまとめて集めるイメージで下腹を押さえます。

7

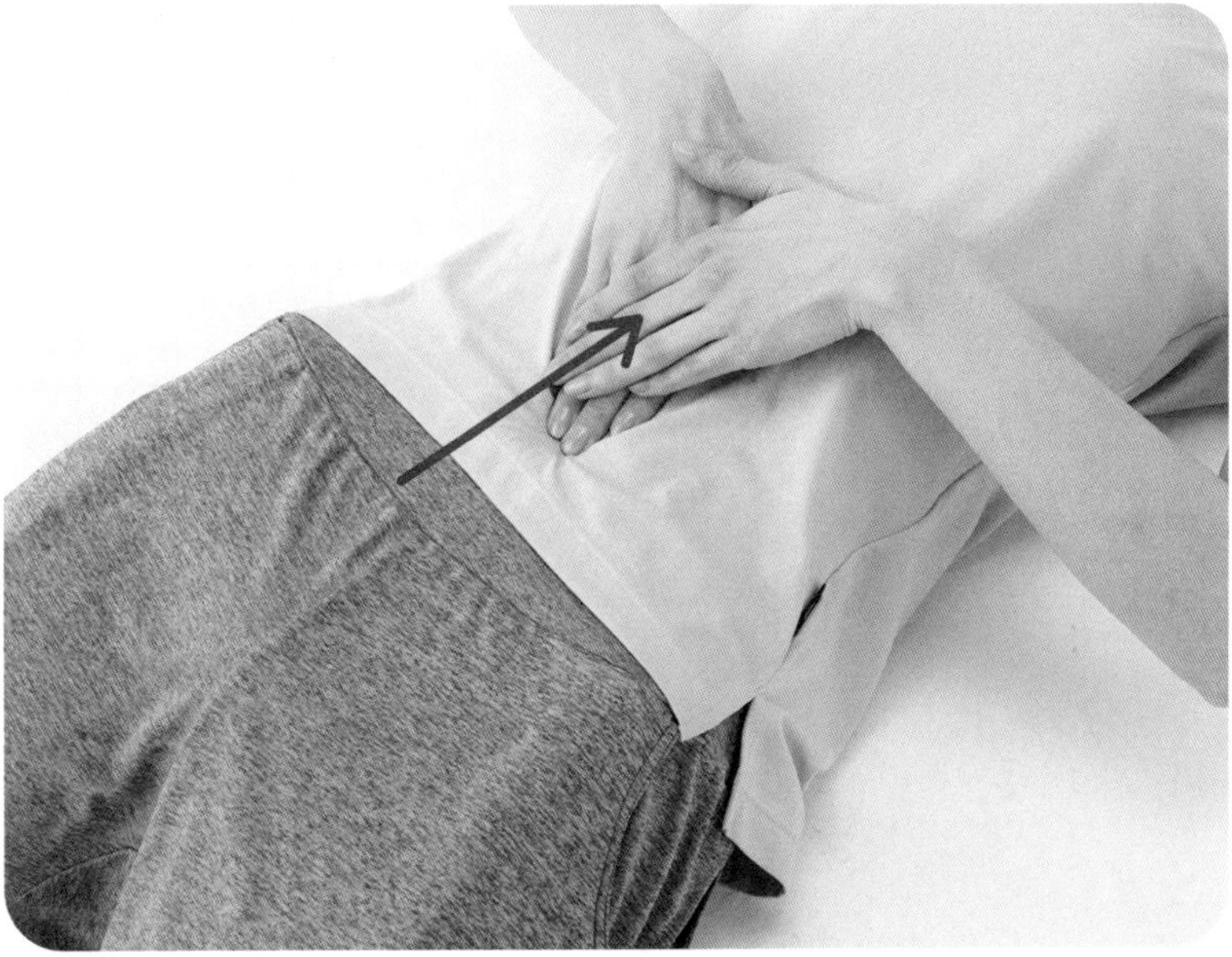

おなか

☞集めたリンパをおなかの中に注ぎ込むように、両手をおへそのほうへ引き寄せます。

うしろから見たところ

8 わき

起き上がって左腕を上げ、わきのあたりを背中から胸に向かって、右手でグッグッと数回なで上げます。

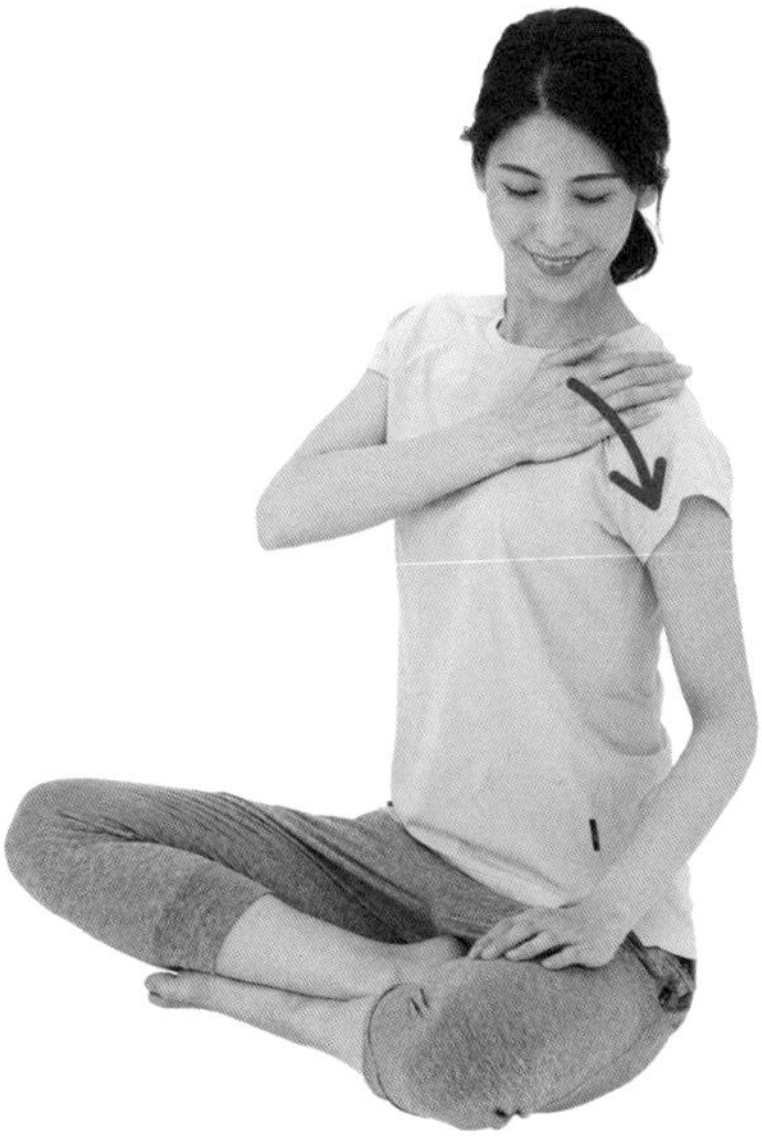

9 鎖骨

右手を左の鎖骨に添え、骨に沿ってわきの方向にさすります。

うしろから見たところ

10 肩甲骨

- 右手先を左の肩甲骨のあたりに当て、肩越しにグッと前へなで上げます。
- 左の手のひらは下向きに。

11 肩

- 10でさすり上げたリンパを、肩からひじへ向かってなで下ろします。

12 二の腕・側面

手のひらを当てて、二の腕の側面をグッとなで下ろします。

13 二の腕・裏

指先に力を入れて、二の腕の裏側をグッとなで下ろします。

14 二の腕・内側

左の手のひらを上に返して、ひじの内側に右手のひらを当てて、二の腕の前面をグッとなで下ろします。

15 ひじ先・外側

再び左の手のひらを下に向け、右手の親指でひじ先の外側を、手首に向かってグッとなで下ろします。

16 ひじ先・内側

もう一度、左の手のひらを上に返し、右手の親指でひじ先の前側と内側を、手首に向かってグッとなで下ろします。

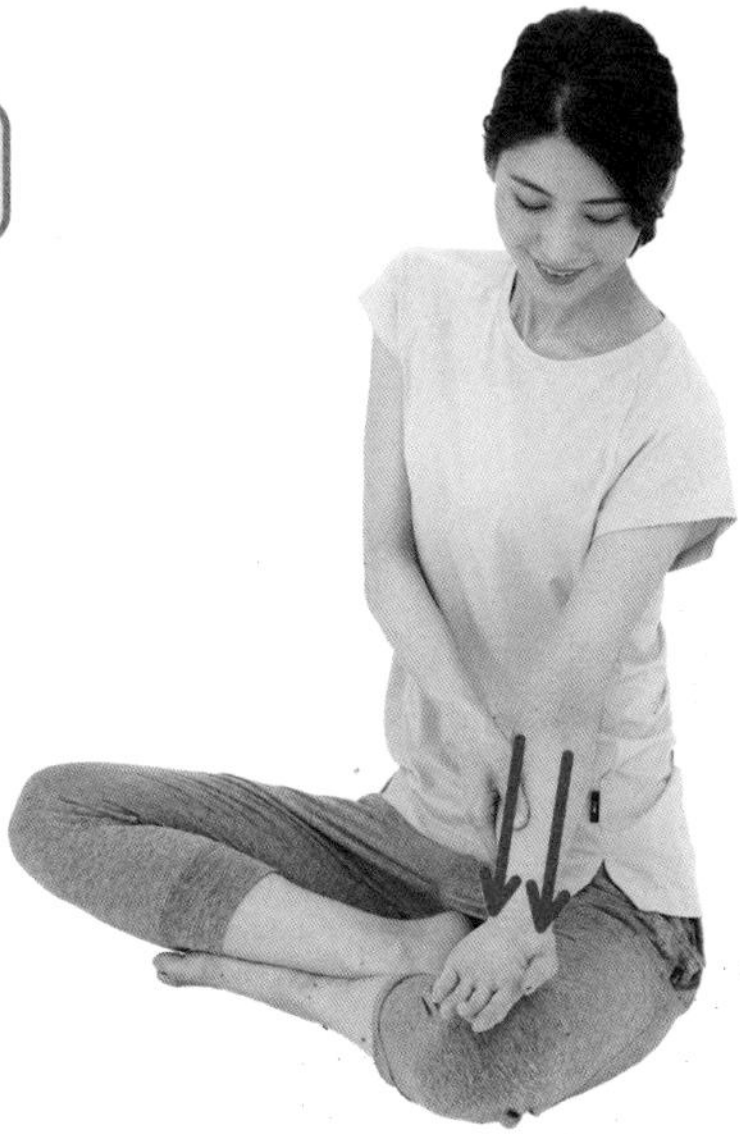

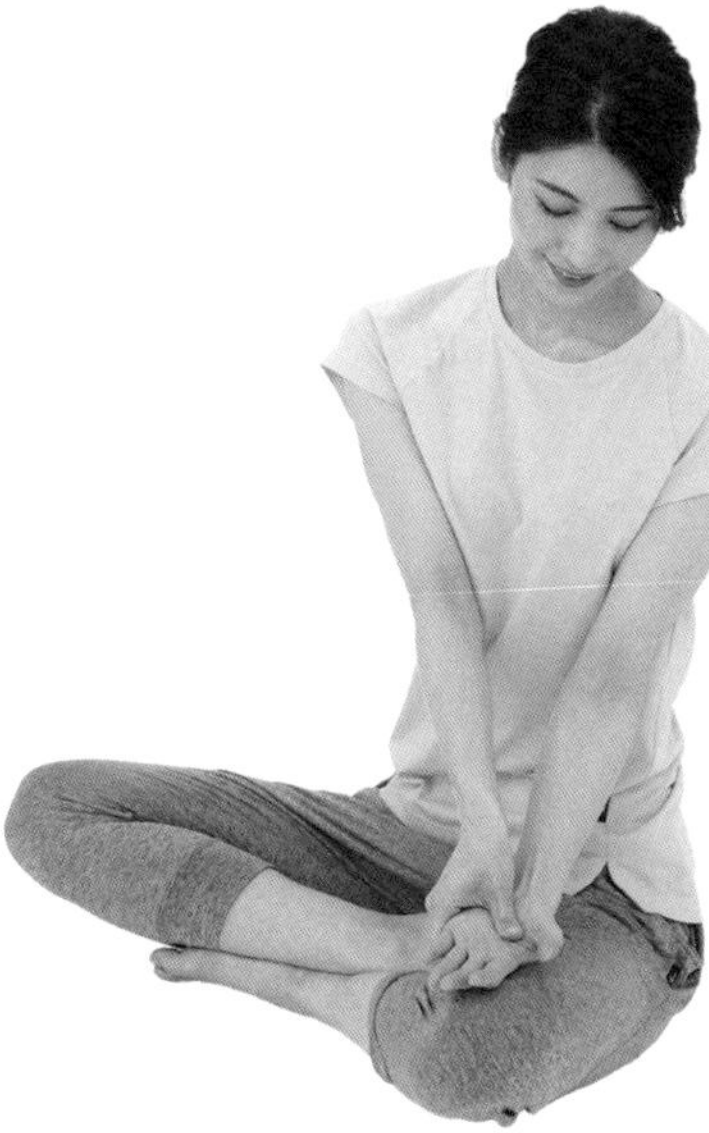

17 手のひら

右手の親指で、左の手のひらをグッグッとほぐします。

18

- 肩から手のひらに集まったリンパを、今度はわきに戻していきます。
- 右手で左腕を包み込み、手首からひじに向かってやさしくなで上げます。

19

- そのままわきに向かってなで上げ、リンパをわきの中に納めます。
- 8〜19を、反対側も同様に行ないます。

朝にプラスワン！

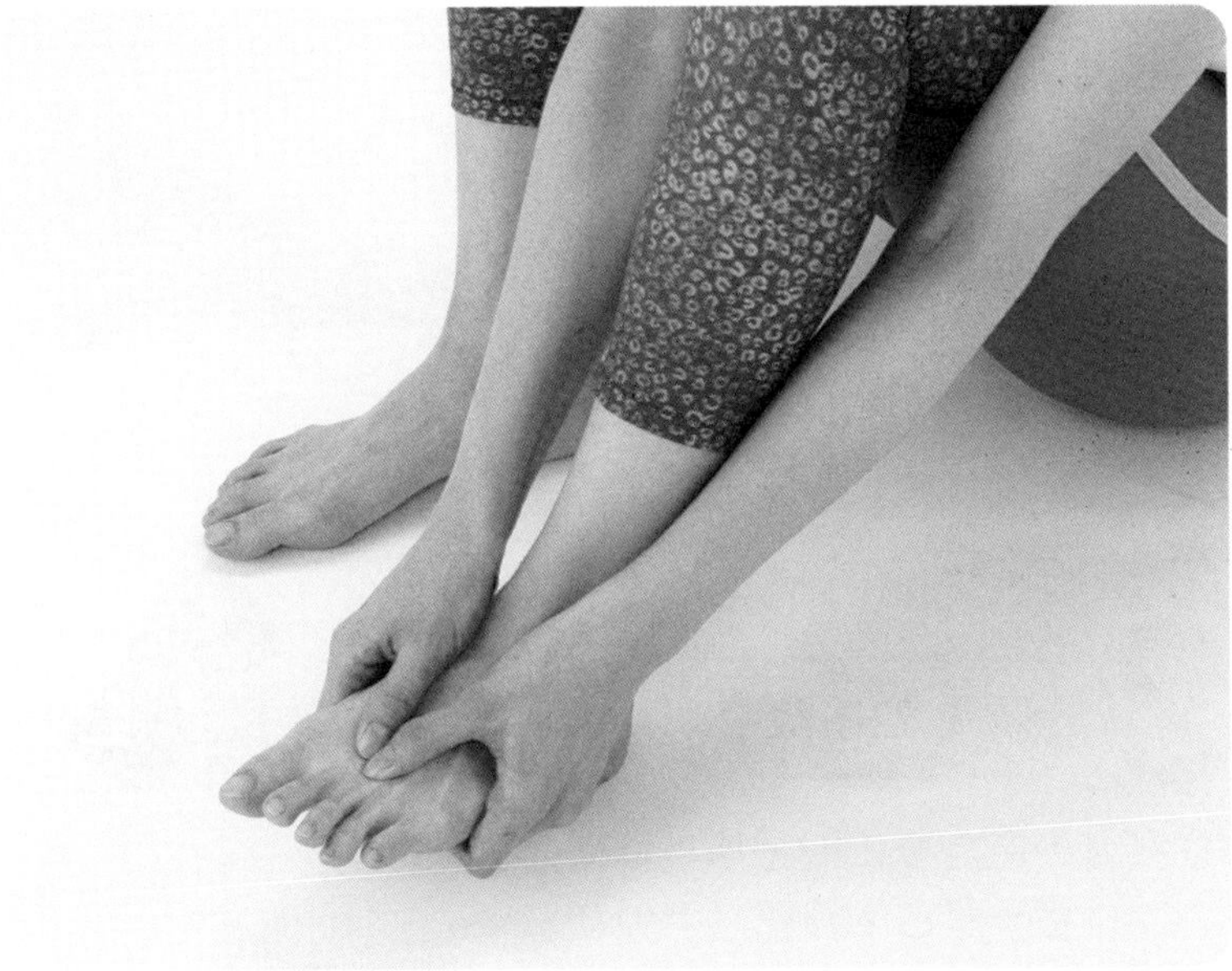

足指も流しましょう

リンパの流れが悪い人の多くは、体の末端で流れが特に滞っています。朝、足指の１本１本を丁寧に伸ばすようにしてさするのも効果的です。

夜の「やせスイッチ・リンパ」

1 おしり

片足を伸ばして左右どちらかの腰を少し持ち上げるように座り、おしりからもも裏へさすります。

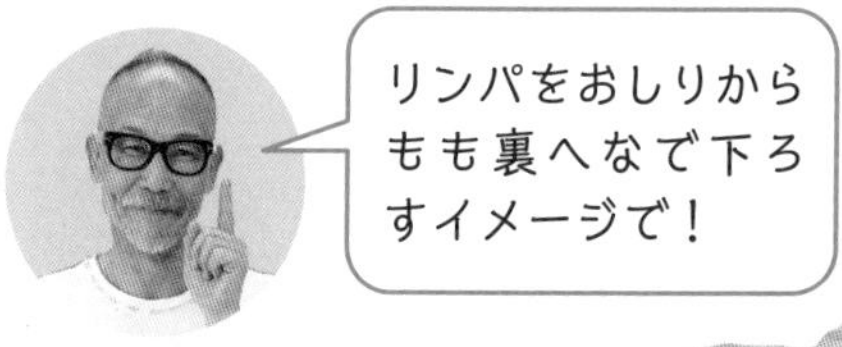
リンパをおしりからもも裏へなで下ろすイメージで！

2 腰骨のあたり

腰骨のあたりに拇指球（親指のつけ根）から手根部（手のひらのつけ根）をグッと押しつけます。

グッ

就寝前に、おしりから足のリンパのめぐりをメンテナンスしておきましょう。下半身のリンパが整えばぐっすり眠れて、翌朝の目覚めもスッキリ。

3 太ももの側面

☞ 力を入れたまま、ひざに向かってグーッとなで下ろしていきます。

リンパをひざに集めていくイメージで！

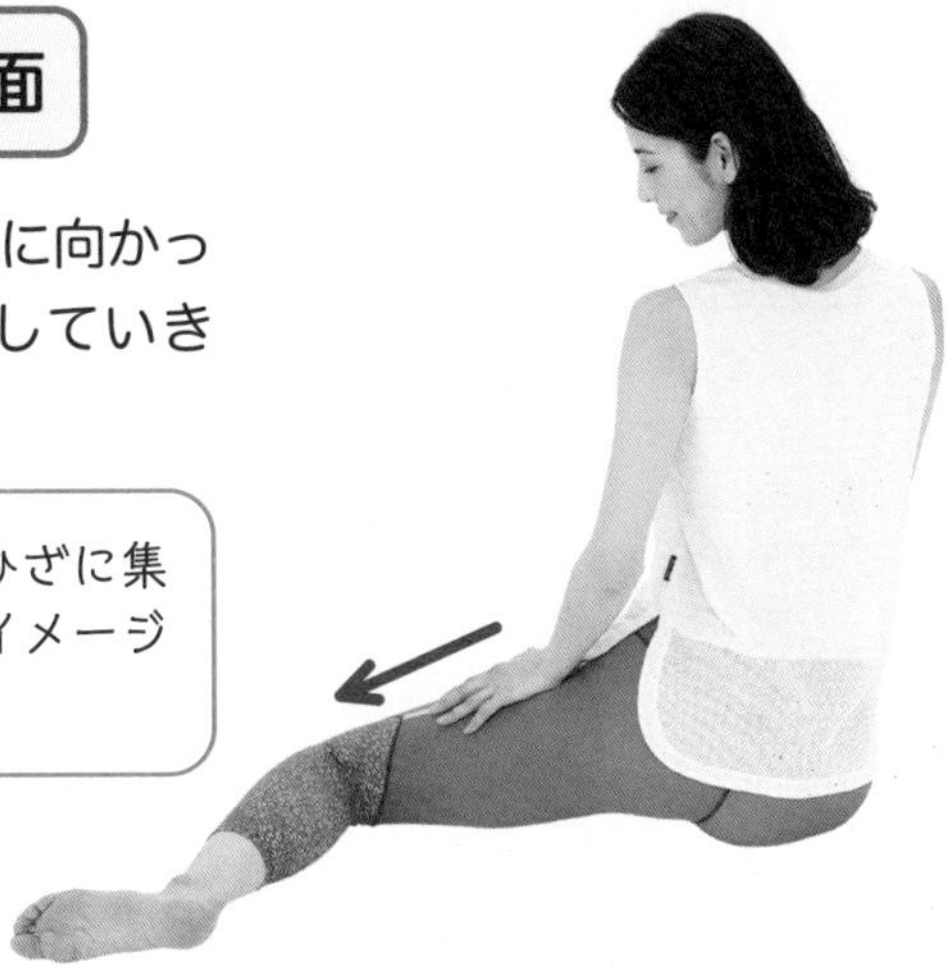

4 太ももの裏

☞ 太ももの裏の筋肉（ハムストリングス）を、ひざ裏に向かってグーッとなで下ろしていきます。

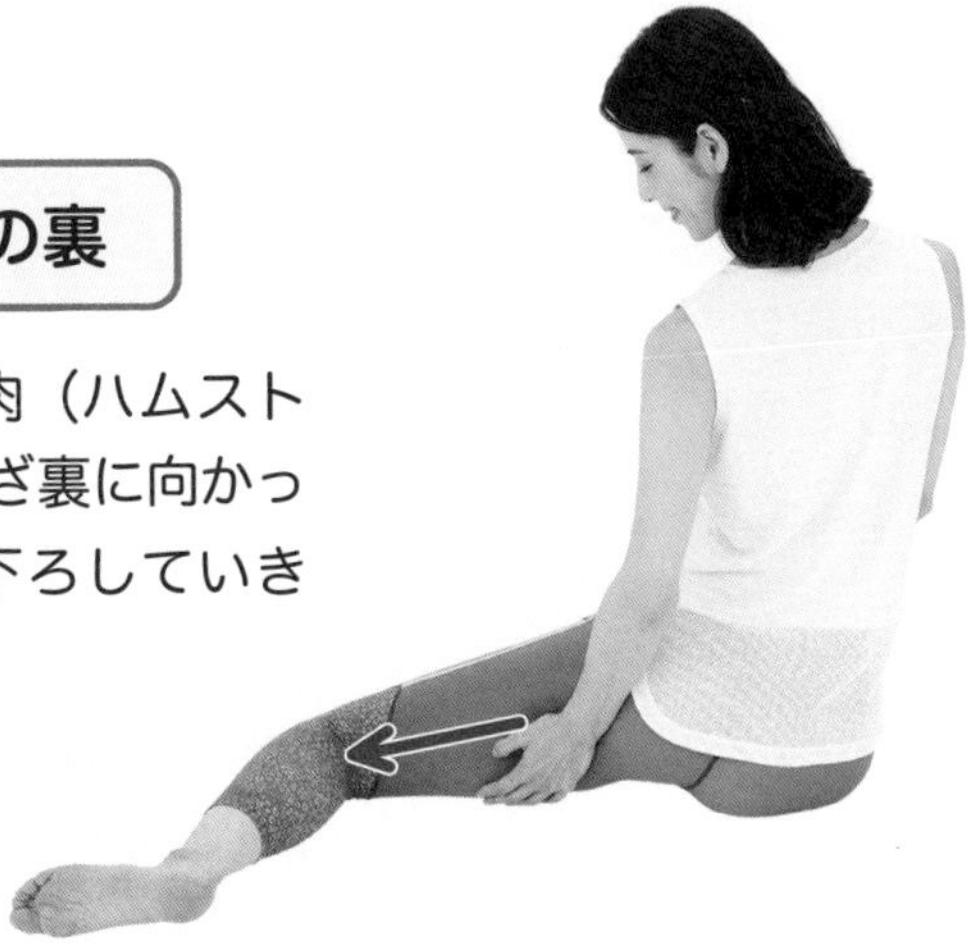

5 ふくらはぎ

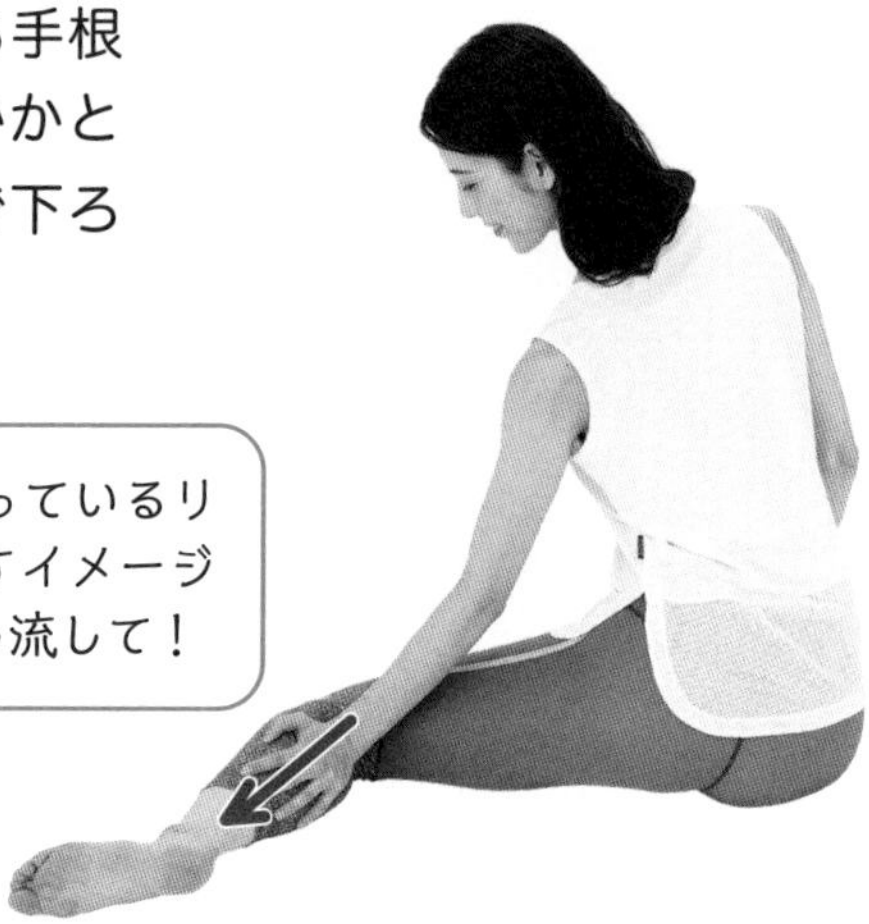

ふくらはぎに拇指球から手根部をグッと押しつけ、かかとに向かってグーッとなで下ろしていきます。

筋線維に溜まっているリンパを押し出すイメージで、力強く押し流して！

6 ひざ下の側面

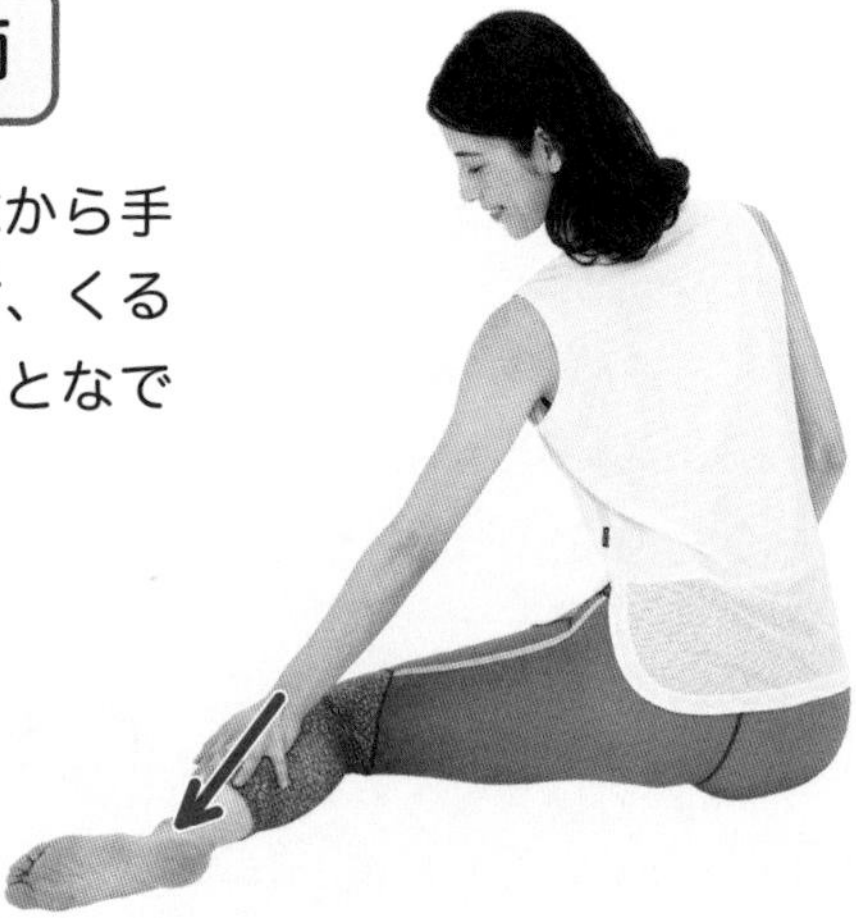

ひざ下の側面に拇指球から手根部をグッと押しつけ、くるぶしに向かってグーッとなで下ろしていきます。

7 太ももの前面

足を伸ばして座り直し、太もも前面に拇指球から手根部をグッと押しつけ、もう一方の手で押さえながらひざに向かってグーッとなで下ろしていきます。

太ももの前面に大きく走る筋肉（中間広筋）の方向を意識して。

8 太ももの両側

太ももを両側から包み込むようにしながら、拇指球から手根部をグッと押しつけ、ひざに向かってグーッとなで下ろしていきます。

9 すね・ふくらはぎ

ひざ下を両側から包み込むようにしながら、架空の2本のラインをなぞるように、親指と手のひらで足首に向かってグーッとなで下ろしていきます。

10 足首・かかと

両手で足首とかかとを包み込むようにしながら、つま先に向かってなで下ろします。

11 つま先・足首

- 1~10でつま先に集めたリンパを、今度は足のつけ根に戻していきます。
- 足先を両手でやさしく包み込みながら、足首に向かってなで上げていきます。

12 すね・ふくらはぎ

- すねとふくらはぎを両手でやさしく包み込みながら、ひざに向かってなで上げていきます。

13

太もものの外側

足を伸ばして、両手で太ももの外側を下から上へ持ち上げるようになで上げ、リンパを太ももの内側へ導きます。

14

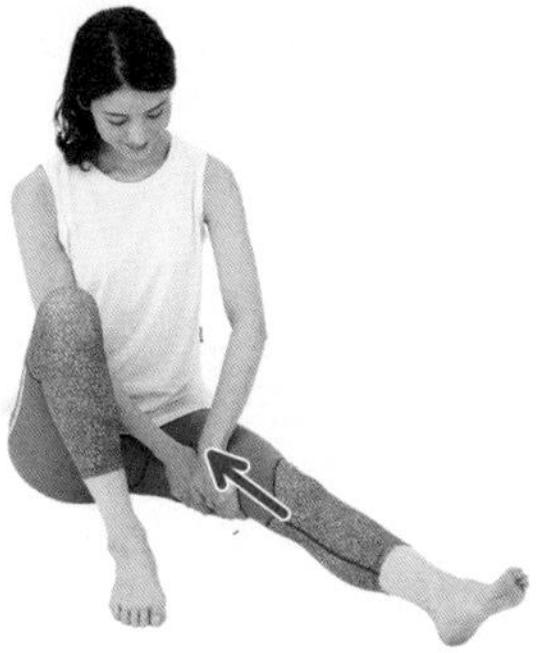

左側から見たところ

太ももの内側

内側へ導いたリンパを、骨盤底筋に向かって両手で流し込みます。

15

反対の足も同様に、リンパを下ろして、上げて、骨盤に納めてください！

骨盤

- *1*〜*10*でなで下ろし、*11*〜*14*でなで上げてきたリンパを骨盤の中にしまい込むように、股間をグッと押し上げます。
- *1*〜*15*を、反対側も同様に行ないます。
- 時間や気持ちに余裕があるときは、「朝のやせスイッチ・リンパ」*1*〜*7*（58〜64ページ）を続けて行なうと、さらに効果的です。

PART 4

「部分やせ」に「タオルドレナージ」

「リンパドレナージ」は「部分やせ」にも効果アリ！

「下腹ぽっこり」の原因のほとんどは「水分」

「全体的にはスリムなのに、どこかしらスッキリ見えない」という方の多くは、下腹部や太もも周辺だけが太っている傾向があります。私の経験から言えば、いわゆる「下腹ぽっこり」の原因のほとんどは、水分の滞留。大量の水分が流れずにあるのです。

下腹や顔・首のむくみなど、部分的に気になるところがある方は、その周辺のリンパのめぐりが悪いと考えられます。ですから、「ＲＤ深層リンパドレナージ」によってリンパのめぐりをよくすれば、部分やせも簡単に実現できます。

本パートでは、バスタオルやフェイスタオルを利用して深層筋《しんそうきん》にアプローチし、「部分やせ」を実践していきます。タオルで結び目をつくり、「ポイントにグッと押しつけて、パッと離す」を何回か繰り返します。タオルの結び目は、外側は柔らかいですが中心は固いため、圧力が深層筋にしっかりと届きます。

タオルの結び方

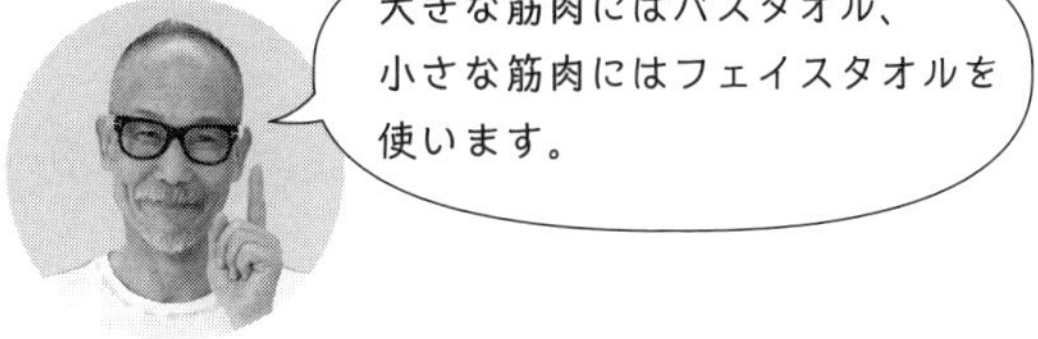
大きな筋肉にはバスタオル、
小さな筋肉にはフェイスタオルを
使います。

バスタオル

バスタオルを三つ折りにします。

結び目をつくってギュッと引っ張ります。結び目はできるだけ固く。

フェイスタオル

フェイスタオルを二つ折りにします。

バスタオル同様、できるだけ固い結び目をつくります。

ポッコリおなか

バスタオル

圧をかけるのは ココ!

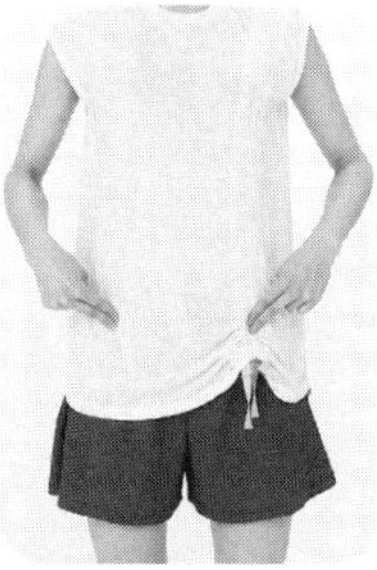

左右の下腹

子宮・卵巣の外側・うしろ側にある腸腰筋《ちょうようきん》を刺激します。下腹のむくみが解消されるほか、子宮内の血のめぐりがよくなるので生理痛の軽減にも役立ちます。

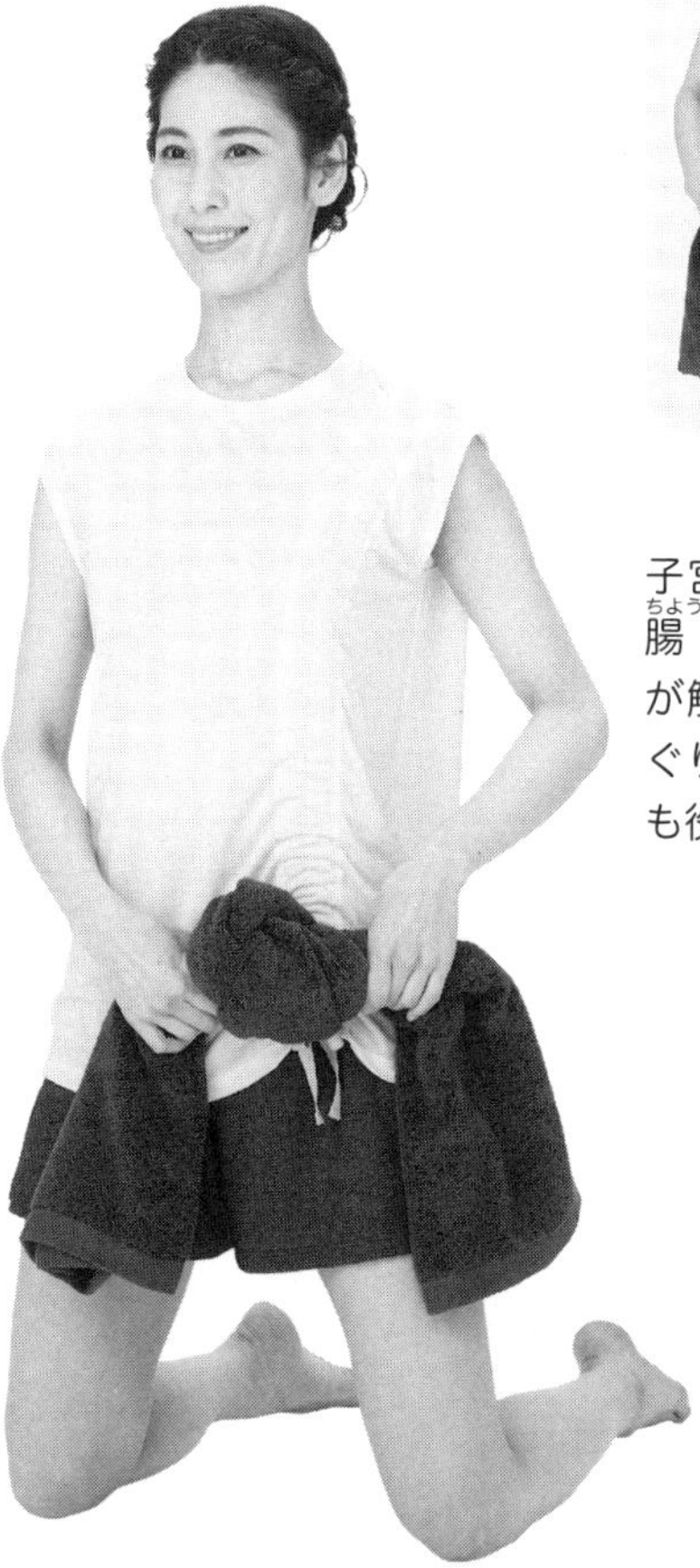

- ひざで立ち、タオルの結び目を下腹の左に押し当てます。
- 反対側も同様に。

年齢を重ねると気になりはじめる「下腹ポッコリ」を解消しましょう。

☞うつ伏せに寝て、下腹の左に置いたタオルの結び目にグーッと体重をかけて、パッと離すことを数回繰り返します。

☞反対側も同様に。

※痛みを感じる場合は、すみやかに中止してください。

タルタルおしり

バスタオル

圧をかけるのは ココ！

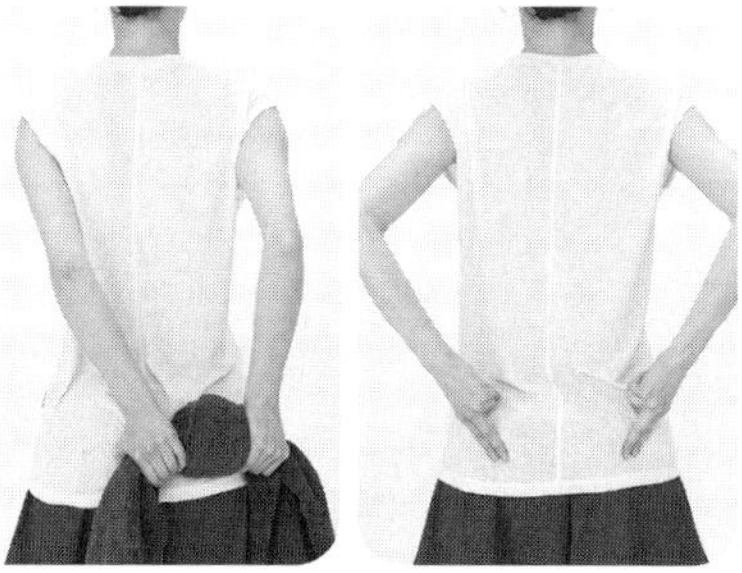

腰骨のやや下

おしりの表層にある筋肉（大臀筋《だいでんきん》）を刺激します。大臀筋の奥には坐骨神経が走っているので、大臀筋が硬いと神経痛の原因にも。下半身の冷えも改善します。

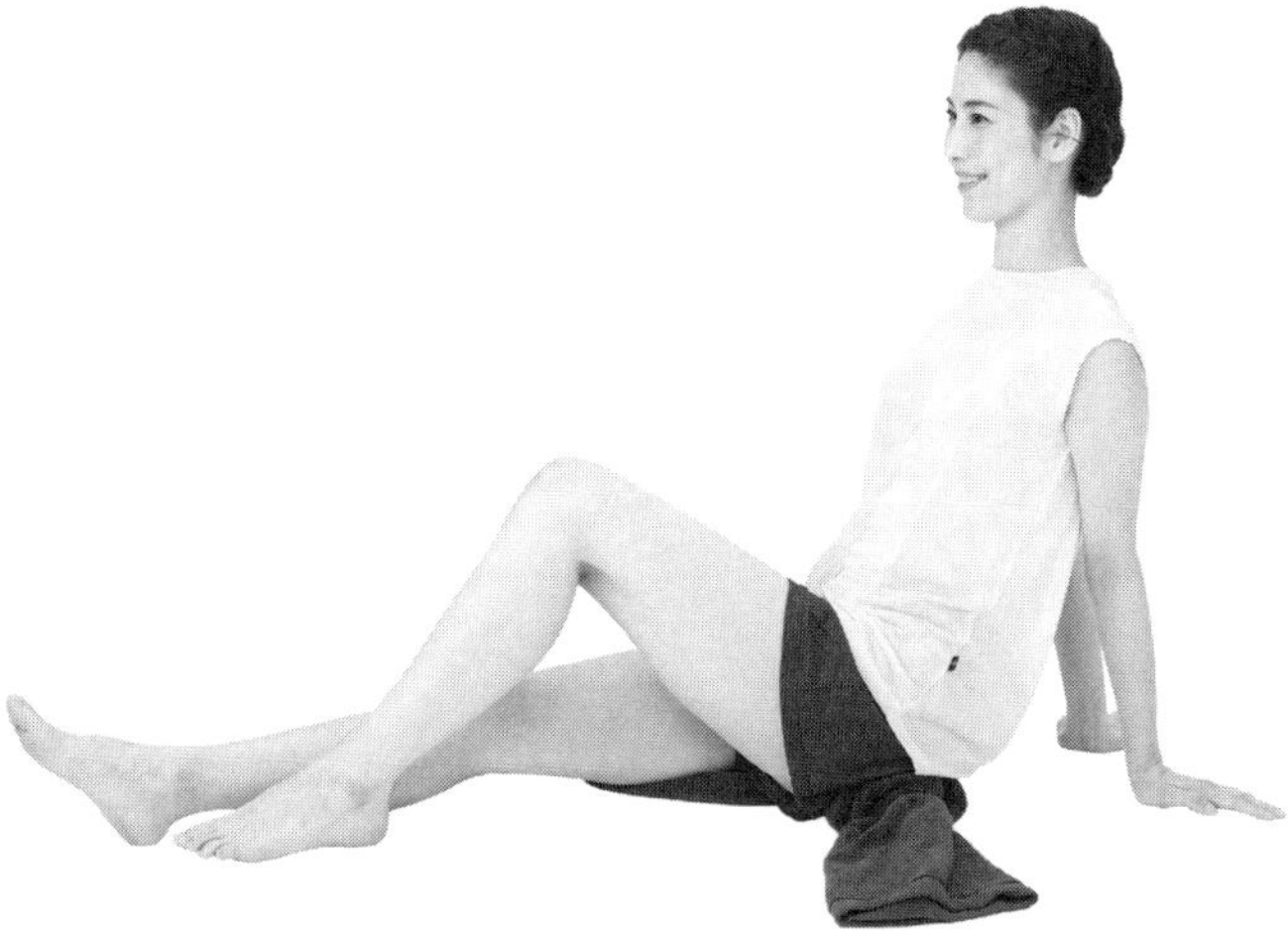

- 左のおしりの中心あたりにタオルの結び目を押し当て、左足を曲げて座ります。
- グーッと押し下げて、パッと少し浮かせるのを数回繰り返します。
- 最後に、おしりを押し下げたまま、左右に数回揺らします。
- 反対側も同様に。

重力に素直すぎる（！）おしりを引き締めて、ヒップ美人を目指しましょう。

☞右の足を曲げ、右ひざに左足を乗せてタオルの結び目にさらに体重がかかるようにすると、より深くにまで刺激が届きます。

☞反対側も同様に。

※痛みを感じる場合は、すみやかに中止してください。

まっすぐウエスト

バスタオル

圧をかけるのはココ!

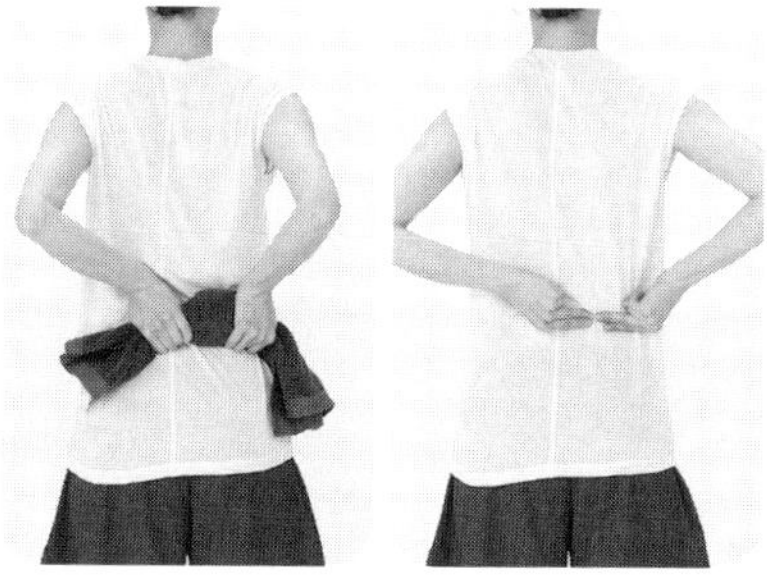

左右の腰骨の上あたり

背骨の横を走る筋肉（多《た》裂《れつ》筋《きん》）を刺激します。腰痛や生理痛を軽減する効果もあります。

- 左の腰骨の上あたりにタオルの結び目が来るようにして、仰向けに寝ます。
- グーッと押しつけてパッと離す動作を数回繰り返します。
- 腰を左右に軽く揺らす動作も効果的です。
- 反対側も同様に。

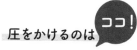

そこそこ絞れていたウエストのくびれが、最近は「アレ？どこ行った？」。腰にメリハリを取り戻しましょう。

- 両ひざを立ててタオルの結び目に圧力をかけると、さらに効果的です。
- グーッと押しつけてパッと離す動作を数回繰り返します。
- 反対側も同様に。

※痛みを感じる場合は、すみやかに中止してください。

プヨプヨ太もも

バスタオル

圧をかけるのは ココ！

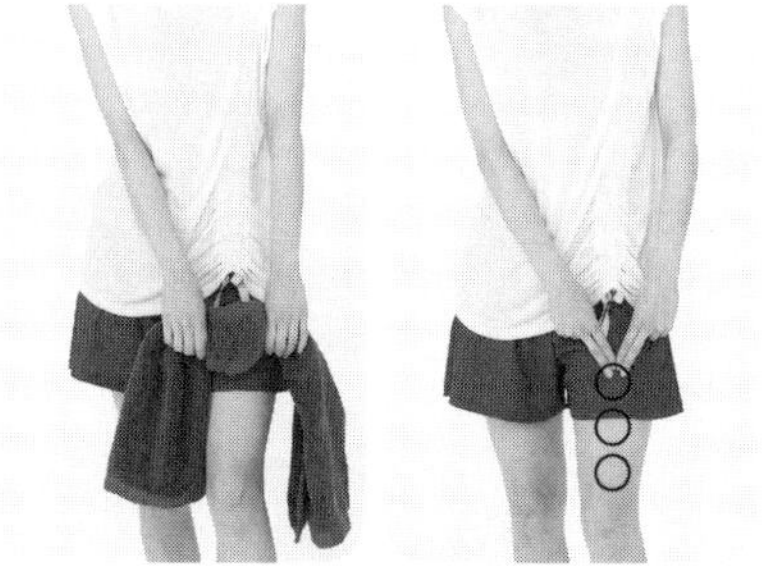

太ももの表側

太ももの表側にある筋肉（大腿四頭筋）を刺激します。太ももだけでなく、下半身全体のリンパの流れを促します。

☞イスに座って足を開き、左の太ももの表側（上）にタオルの結び目を当て、グーッと押してパッと離す動作を、太もも全体に数回繰り返します。

☞反対側も同様に。

太もものむくみもリンパの滞りが原因。表も裏も刺激してリンパを流せば、スッキリ太ももがよみがえります。

圧をかけるのはココ！

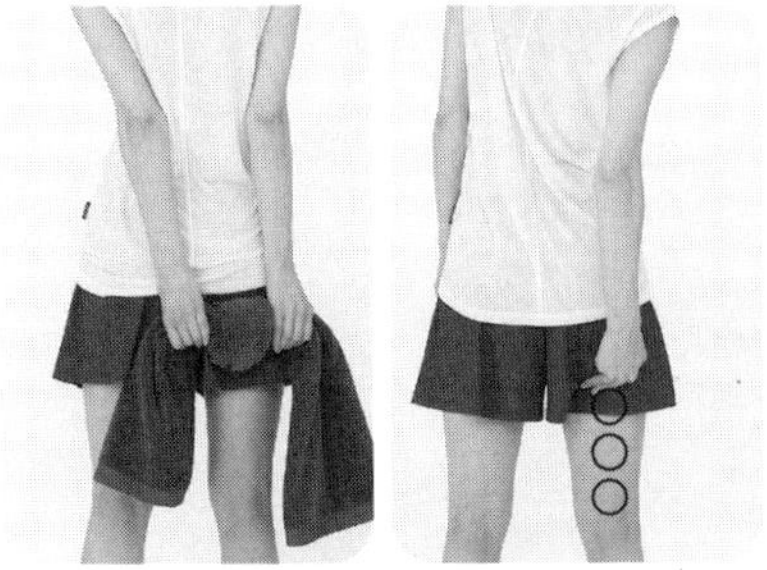

太ももの裏側

太ももの裏側にある筋肉（ハムストリングス）を刺激します。大きな筋肉なので、全身が活性化します。

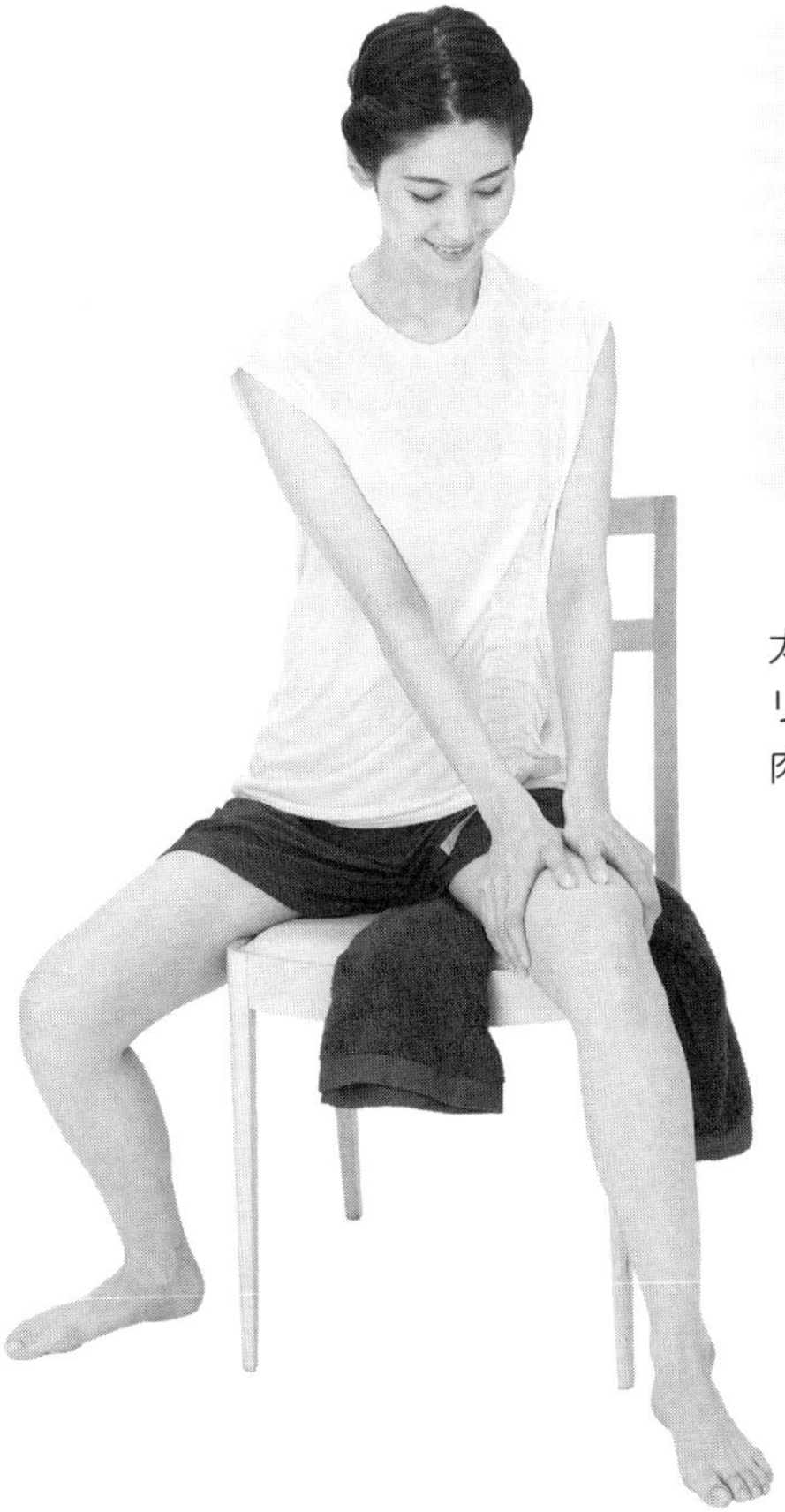

- 左の太ももの裏側（下）にタオルの結び目を当て、グーッと押してパッと離す動作を、太もも全体に数回繰り返します。
- 反対側も同様に。

Ｏ脚

意外と多いのが女性のＯ脚《オーきやく》。見た目だけでなく下半身への悪影響が大きいので、改善していきましょう。

バスタオル

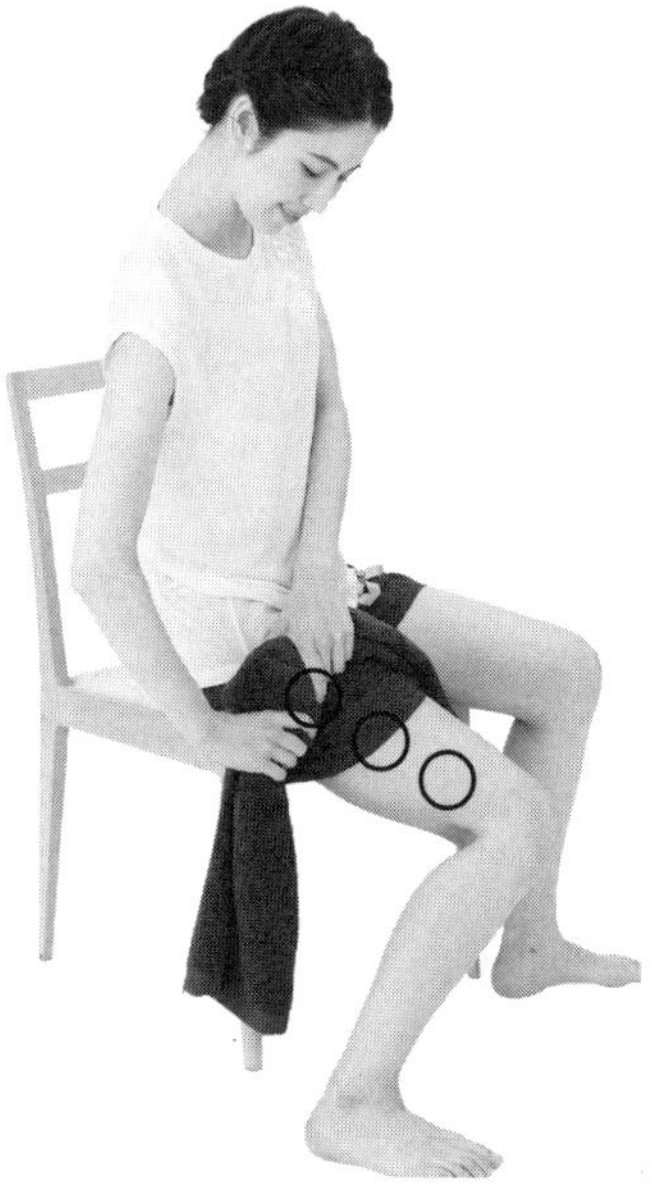

- イスに座り、右足のつけ根の外側にタオルの結び目を当て、グーッと押してパッと離す動作を数回繰り返します。
- 反対側も同様に。

圧をかけるのはココ!

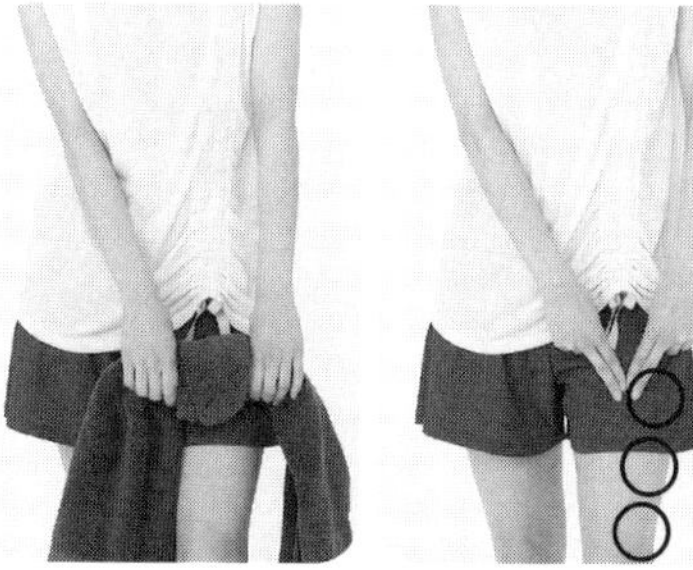

太ももの外側

Ｏ脚は足のつけ根（鼠径部《そけいぶ》）に大きな負担をかけ、リンパも滞りがち。しっかりほぐして筋肉をゆるめましょう。

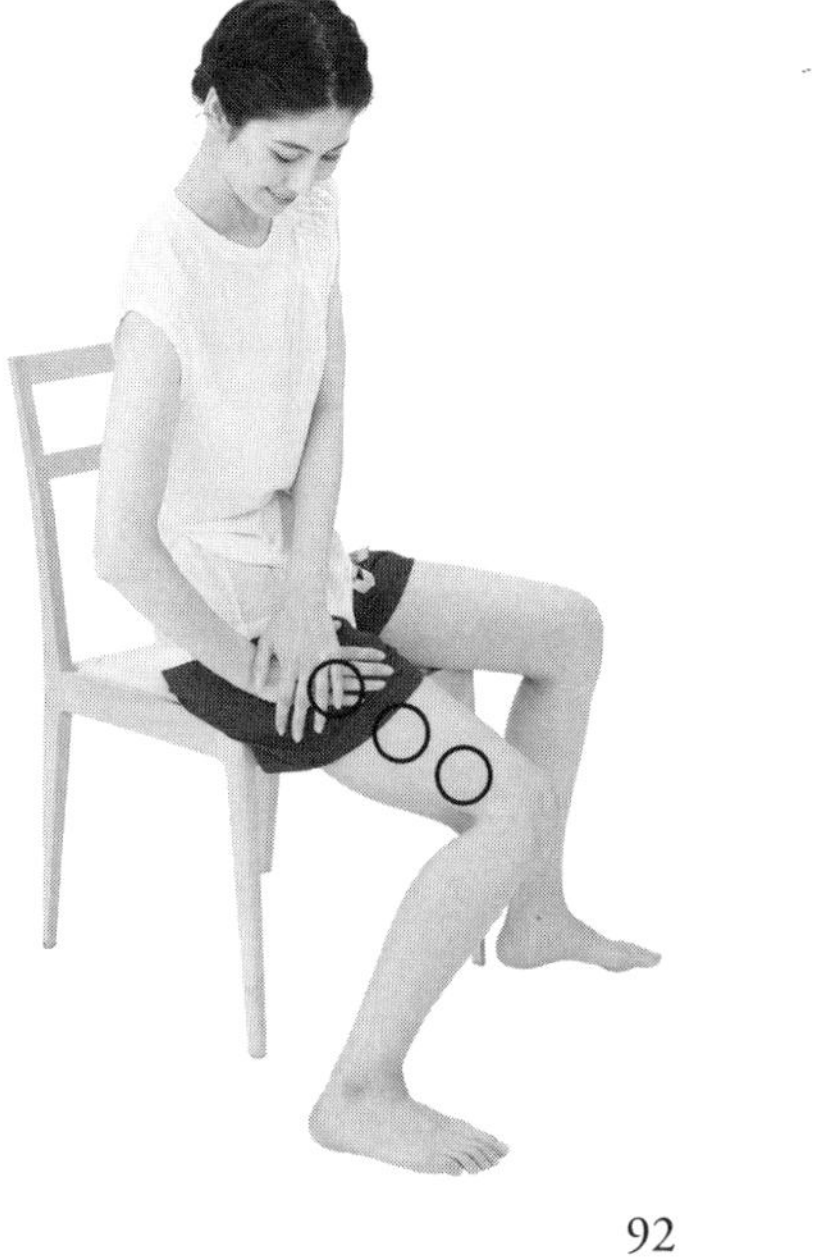

- 左右の手のひらを重ねて行なっても、同様の効果が得られます。
- 反対側も同様に。

カチカチ足首

フェイスタオル

現代人は足首が硬直しがちです。将来の転倒防止のためにも、柔軟にしておきたいものです。

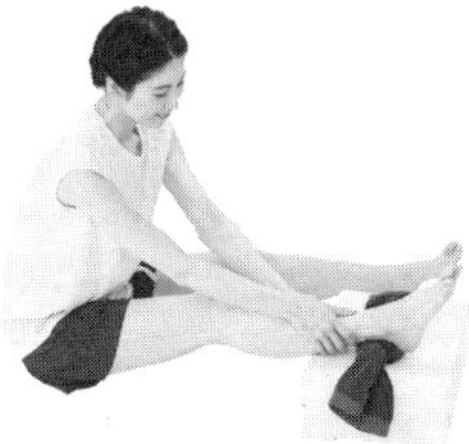

☞10センチ程度の高さの台にタオルを置き、結び目の上にアキレス腱を乗せ、グーッと押してパッと離す動作を数回繰り返します。
☞前後に揺らすのも効果的。
☞反対側も同様に。

圧をかけるのは ココ!

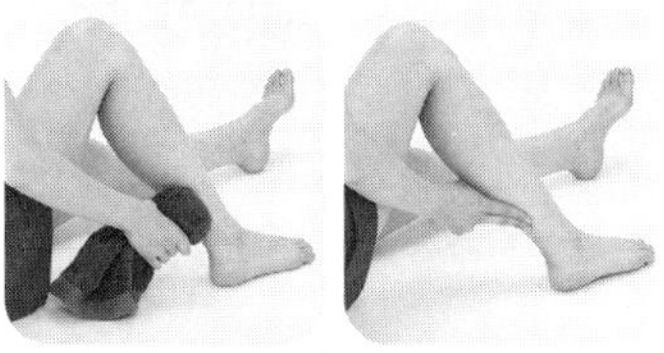

アキレス腱

ほとんど刺激する機会がないアキレス腱にも、こまめにアプローチしたいものです。

パンパンひざ下

フェイスタオル

家事や育児、介護や仕事で1日中立ちっぱなしで足がパンパン……。そんなときのエクササイズです。

☞右のすねにタオルの結び目を当て、グーッと押してパッと離す動作を数回繰り返します。
☞ひざ頭の下から足首まで、上下に場所を変えて数回押圧します。

☞床に置いたタオルの結び目にすねが当たるように正座し、グーッと押してパッと離す動作を数回繰り返します。
☞反対側も同様に。

※痛みを感じる場合は、すみやかに中止してください。

圧をかけるのは ココ!

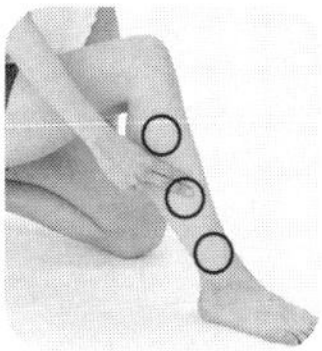

すね

脛骨《けいこつ》のわきに走る前脛骨筋《ぜんけいこつきん》まわりを刺激します。

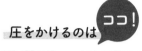

column

「部分やせ」の意外なコツ?!

私たちの体は、細胞や筋肉、体液などの見事な連携プレーによって成り立っています。

よく言われることですが、体のどこか一カ所だけがものすごく悪くなることは、ケガを除いてはあまりありません。多くは、周辺を巻き込んで悪くなっていきます。

リンパのめぐりについても、同じことが言えます。一カ所の滞りが周辺を巻き込み、やがて全身のめぐりが悪くなっていくのです。

部分的にむくんでいるとき、その部分に硬化と滞留があるのですから、そこをほぐすことが「部分やせ」につながるわけですが、気になる部分のリンパをほぐしたあとに、その上流と下流もほぐすようにしてみてください。

PART1で述べたように、リンパはゆっくりゆっくり流れていますから、滞りがちになっていた部分だけでなく、その周辺の流れも助けてあげると、より早く、より確実に効果が得られますよ。

PART 5

「フェイスケア」に「顔層筋マッサージ」

「顔層筋マッサージ」で顔も首もよみがえる！

硬くなった筋肉をほぐしてシワもゆるめます

顔の気になるシワやたるみは、特に女性にとっては大きな悩みのタネのひとつです。

本パートでは、「顔層筋《がんそうきん》」＝顔まわりの筋肉にアプローチしていきます。

方法の基本的なポイントは、次の3つです。

①硬くなった筋肉をほぐす

こりやしこりを感じる部分が、筋肉が硬くなっているところです。

②ほぐしきれない筋肉を押圧する

押圧《おうあつ》することで深層部分の循環が改善し、筋肉がゆるみます。

③すでに入ってしまったシワをゆるめる

固まって深く刻まれているシワを、消しゴムで消すように解きほぐします。

顔まわりの筋肉を知りましょう

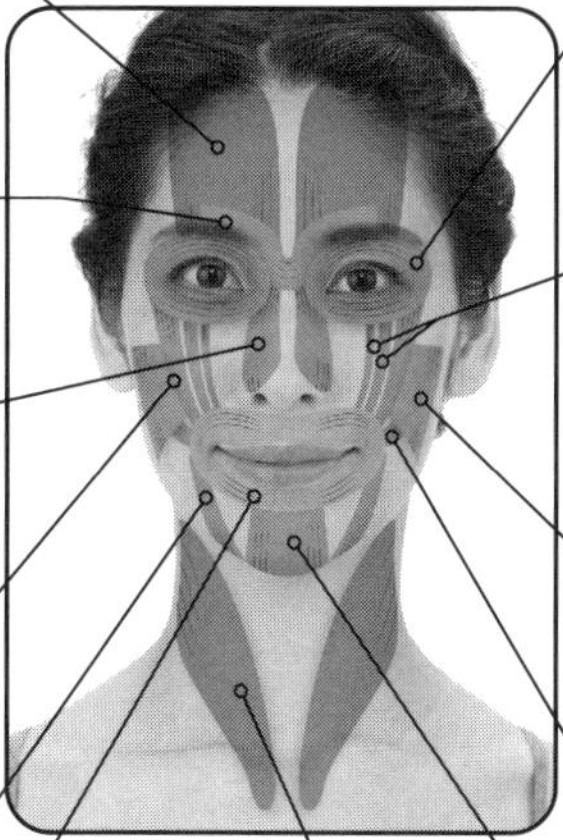

前頭筋《ぜんとうきん》

頭から額、眉にかけて走る筋肉。額のハリを支えます。

皺眉筋《しゅうびきん》

眉の中央から眉間にかけて走る筋肉。衰えると眉間にシワが寄ります。

鼻筋《びきん》

鼻の骨に沿って両側に通っており、鼻筋《はなすじ》をスッキリさせる筋肉。

口角挙筋《こうかくきょきん》

口角を上げる筋肉。左右の口端のすぐ上にあります。

眼輪筋《がんりんきん》

目を囲む広範囲の筋肉。衰えると眠たげな目元になります。

大小頬骨筋《だいしょうきょうこつきん》

頬から口につながる筋肉で、口角を引き上げます。衰えるとほうれい線をつくります。

咬筋《こうきん》

頬全体を２層で覆う筋肉。食べ物を噛むときに動きます。

笑筋《しょうきん》

えくぼをつくる筋肉。口を閉じて笑うときに働きます。

口角下制筋《こうかくかせいきん》

口角を下げようとするときに働く筋肉。

口輪筋《こうりんきん》

口元を囲む筋肉。働きが弱まると小ジワが寄りやすくなります。

胸鎖乳突筋《きょうさにゅうとつきん》

耳の下から鎖骨に走る筋肉。働きが滞るとあごや首がたるみます。

頤筋《おとがいきん》

あごに縦に入る筋肉。口輪筋を支えて口元のハリを保ちます。

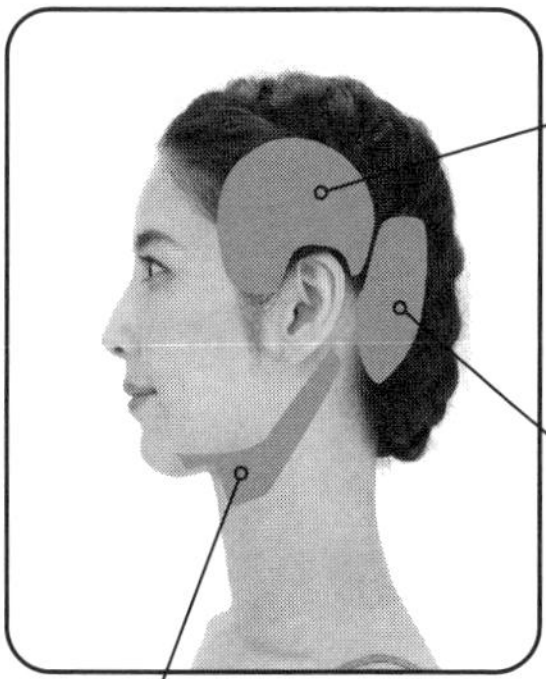

側頭筋《そくとうきん》

頭の両側面にある筋肉。顔全体のたるみやシワに大きく影響します。

後頭筋《こうとうきん》

頭頂部から首にかけて広範囲にわたる筋肉。

舌骨上筋群《ぜつこつじょうきんぐん》

あごの下にある小さな筋肉が集まる部分。

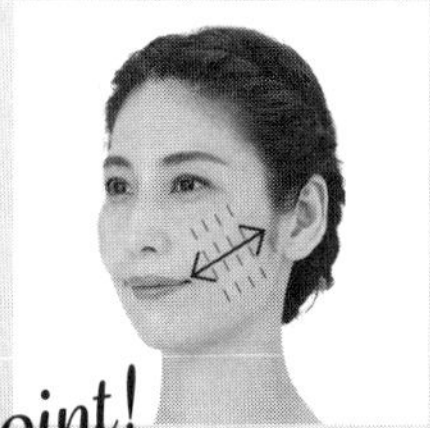

Point!

筋肉の走行方向に対して垂直に負荷をかけることで、筋肉がほぐされます。その刺激によって、硬くなっている筋肉がゆるみ、丈夫でしなやかな筋肉に。シワやたるみが減って肌がよみがえります。

－－－－筋肉　←→刺激方向

ほうれい線

口の両側にハの字に走るほうれい線は「老け顔」のシンボル。
ほうれい線が薄くなるだけで、何歳も若返った印象に。

1

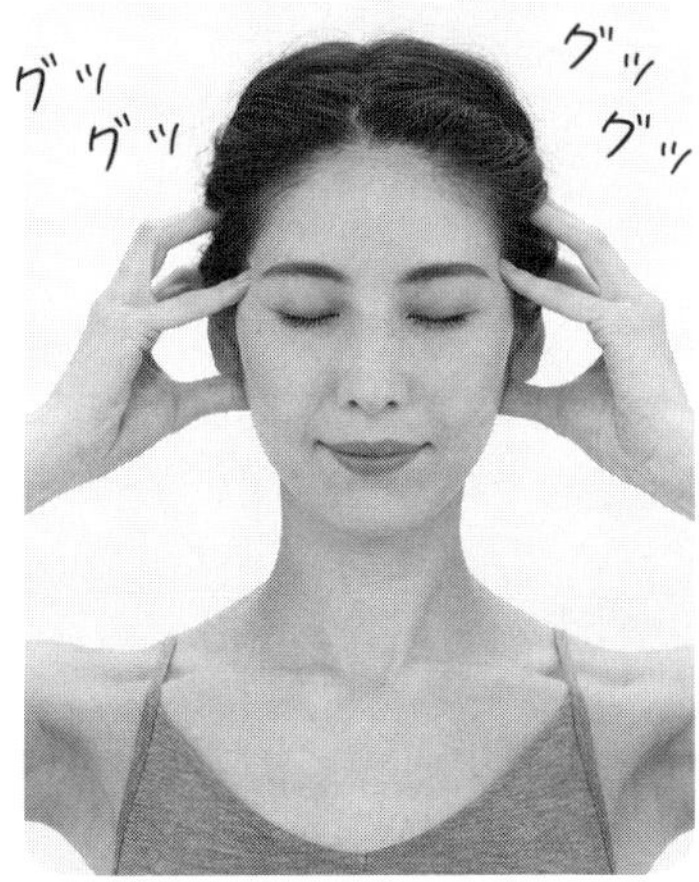

☞両手の指先を両方の耳の周りに立てて、ダイヤルを回すように指で回しもみ、できるだけ広い範囲（側頭筋）をグッグッとほぐします。

2

☞両手の指先を頬の筋肉（咬筋《こうきん》：歯を食いしばったときに硬くなる筋肉）に当てて、前後に数回もみほぐします。

3

☞両手の人差し指と中指を頬骨に当てて、グッと押圧します。

4

☞両手の人差し指と中指をほうれい線に当てて、ほうれい線の上をやさしく数回さすります。

ほうれい線を消しゴムで
消していくイメージで！

5

☞両手先を口に当てて、右回り、左回りにやさしく数回もみほぐします。

首のシワ

重い頭部を支える首には、意外と大きな負荷がかかっています。胸鎖乳突筋をゆるめてシワ・たるみを解消します。

1

☞両手の指先を両方の耳の周りに立てて、ダイヤルを回すように指で回しもみ、できるだけ広い範囲（側頭筋）をグッグッとほぐします。

2

☞あごの下に両手の親指をそろえて押し込み、左右にスライドさせます。

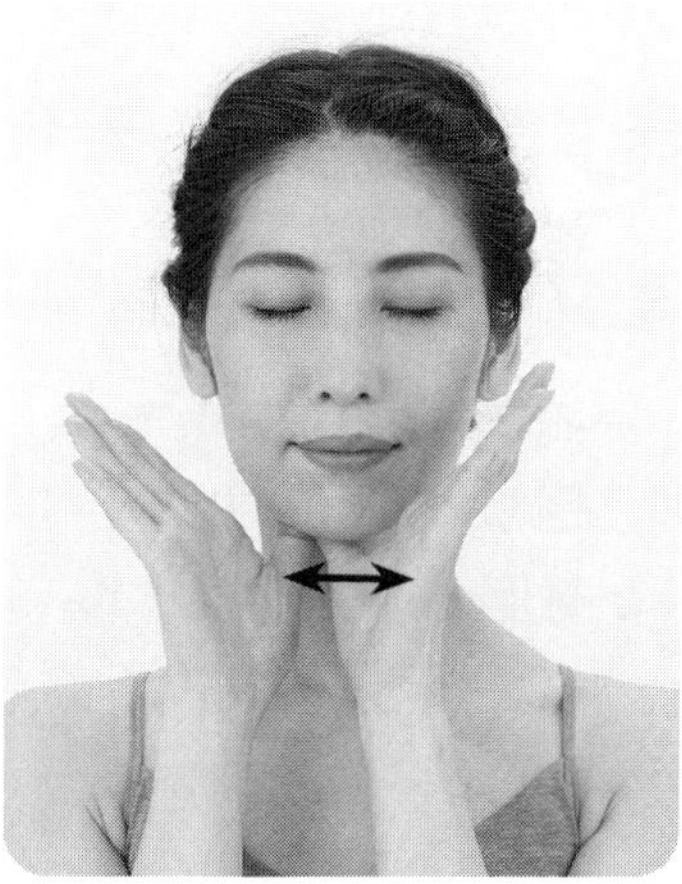

3

☞両手の親指の腹の部分をあご下のラインに沿わせ、手を前後にスライドさせて、頬からあご下をゆるめます。

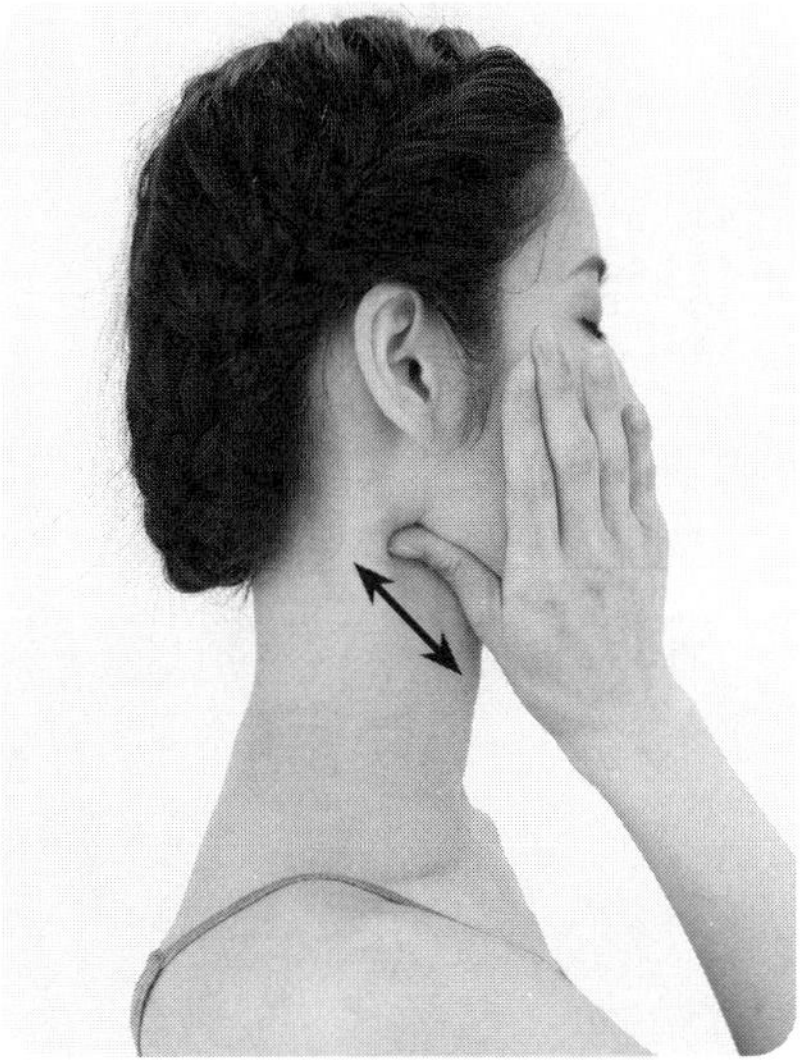

4

手を交差させて、胸《きょう》鎖《さ》乳《にゅう》突《とつ》筋《きん》をやさしく前後にさすります。

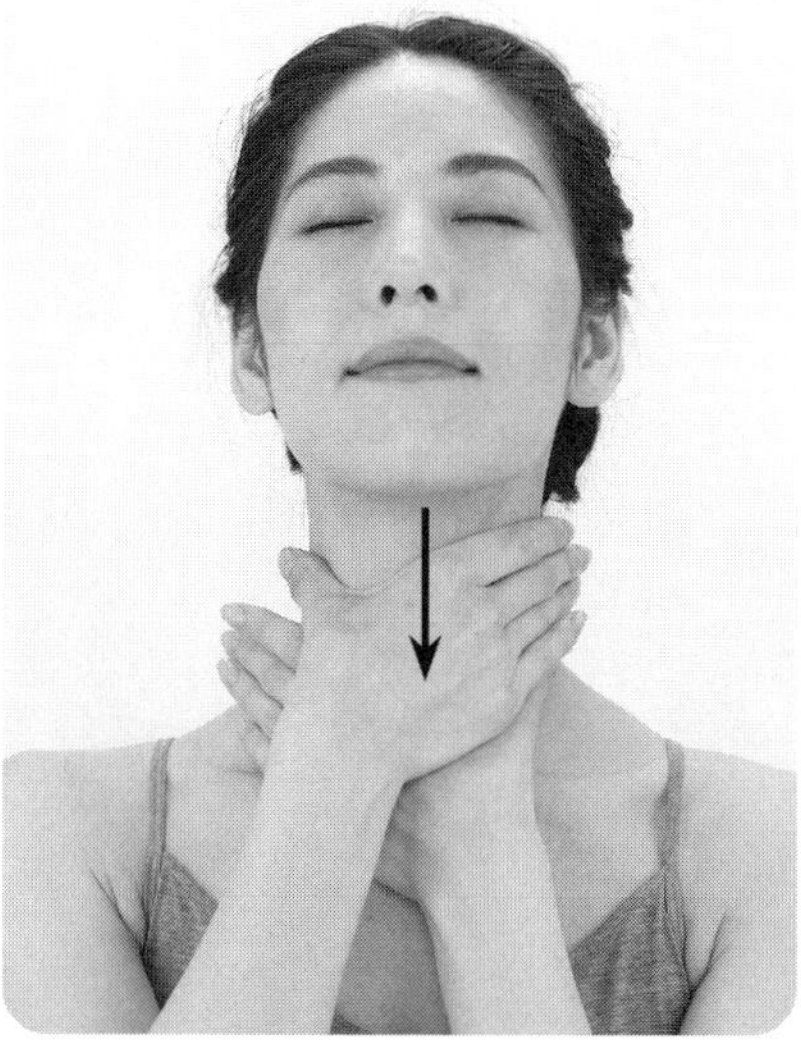

5

両方の手のひらで首を包み込むようにし、交互の手で上から下にやさしくさすります。

目元のたるみ

たるみやむくみで目が小さく見えるだけで、一気に老けた印象に！　パッチリ目元でアンチエイジング。

1

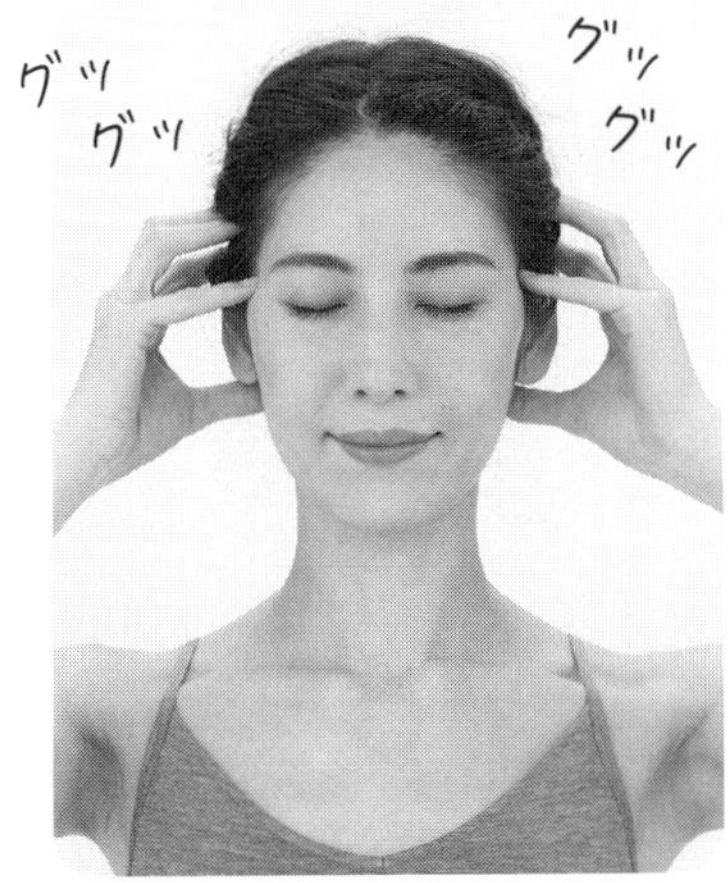

両手の指先を両方の耳の周りに立てて、ダイヤルを回すように指で回しもみ、できるだけ広い範囲（側頭筋）をグッグッとほぐします。

2

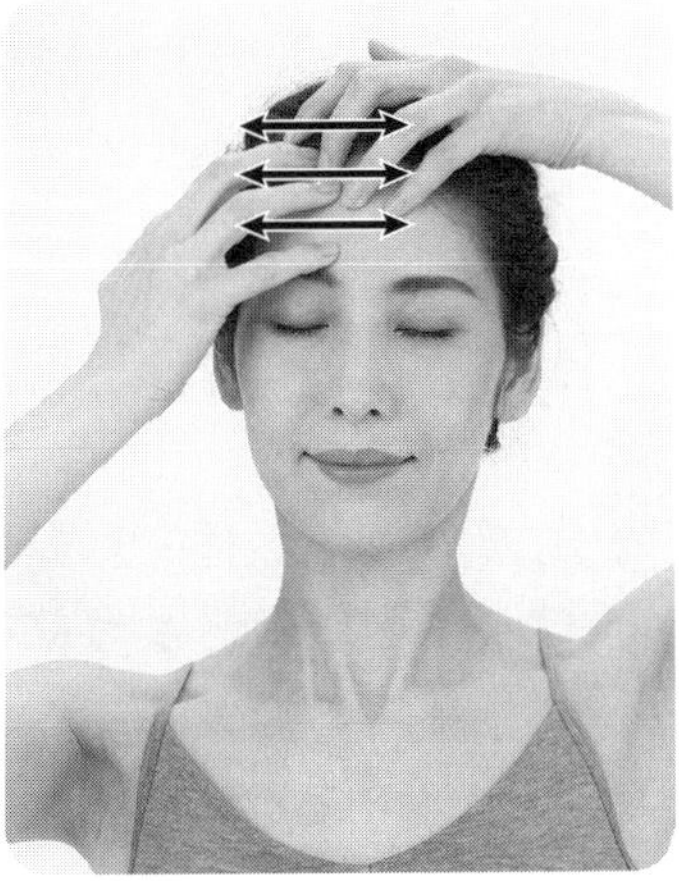

額《ひたい》の右半分に両手の指先を当てて、押圧しながら表面を左右に伸ばすようにして数カ所を刺激します。

3

☞反対側の額《ひたい》も同様に。

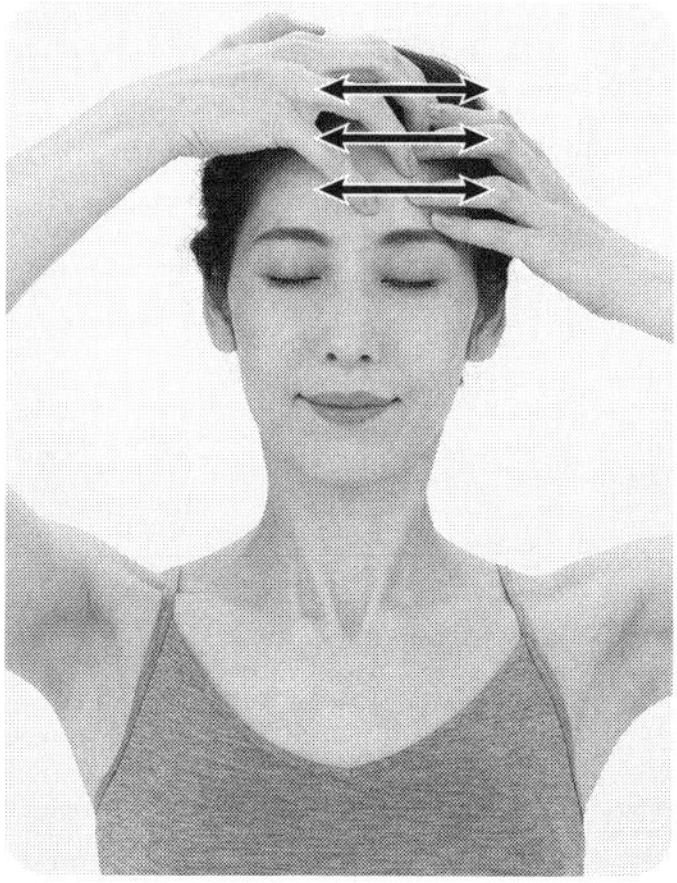

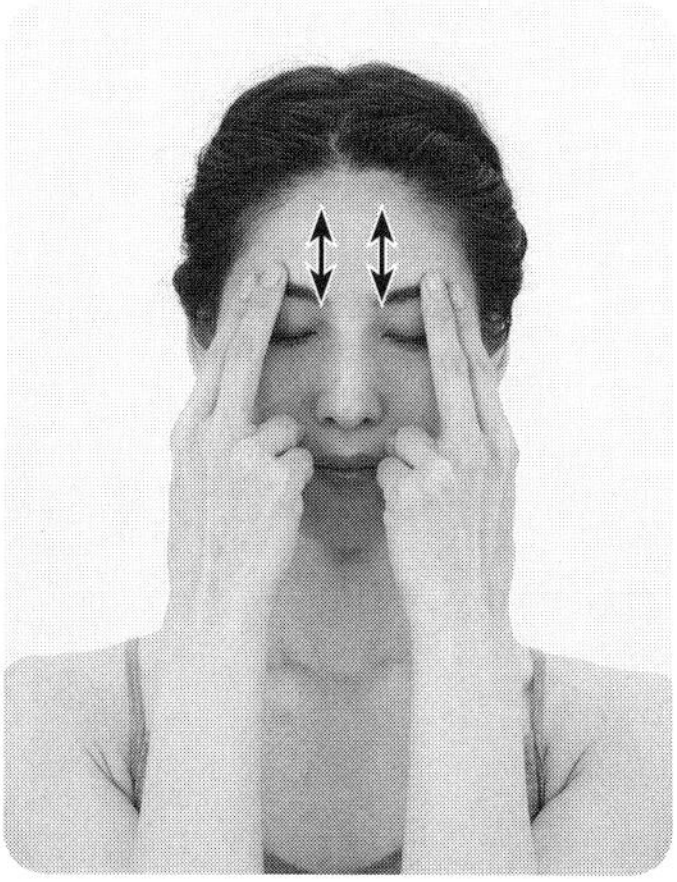

4

☞両方の人差し指と中指を眉毛《まゆげ》の上に当てて、上下にスライドさせます。

5

☞両方の人差し指で目頭を押圧し、鼻をつまむように持ち上げながら鼻翼《びよく》までマッサージします。

6

☞目を閉じて両方の指先をまぶたに当てて、右回り、左回りにやさしく数回もみほぐします。

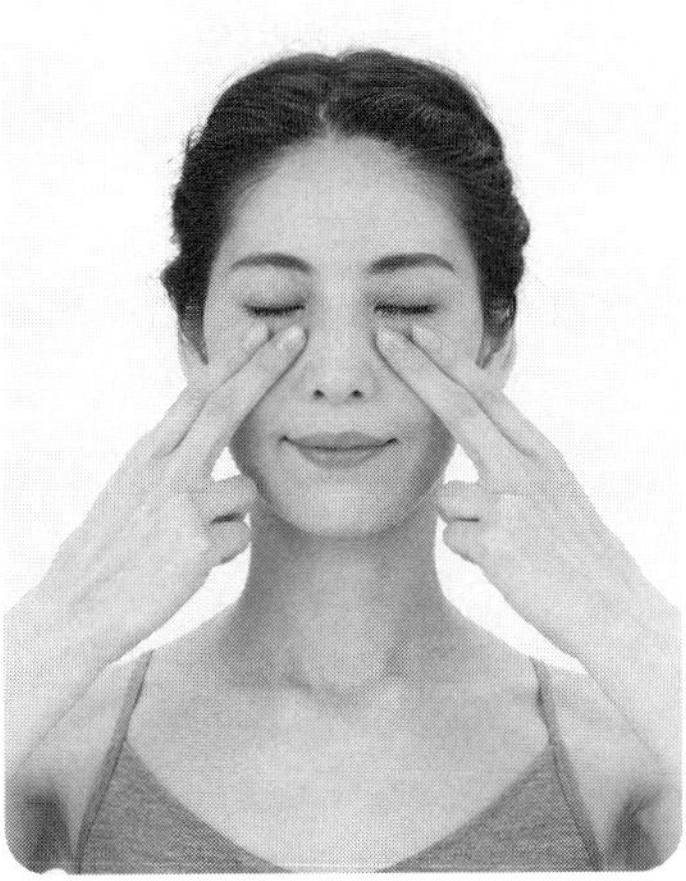

7

☞両方の人差し指と中指で目の下（涙袋《なみだぶくろ》）を数回押圧します。

column

本当の美しさを取り戻すには?

みなさんの中には、決して安価ではない基礎化粧品を愛用したり、美容エステに通ったりしている方もいらっしゃることでしょうが、満足はできていますか?

シミやシワは、「加齢による肌トラブル」だと思っている方が多いのですが、根本的な原因は、筋肉の硬化、つまり筋肉が硬くなることによって生じる循環障害がもたらす、「細胞の弱化」にあります。

年齢とともに衰え、負荷がかかり続けた筋肉は、どうしてもだんだんと硬くなります。そして、リンパが滞って細胞への栄養補給の低下とエネルギー産生能力の低下が起こり、それが、ハリやツヤ、うるおいの低下につながっていくのです。

化粧品やエステなどで一時的に改善できたとしても、すぐに元通りになってしまうのは、そのためです。

筋肉の硬化という「根本原因」にしっかりと対処しなければ、真の美しさは取り戻すことができません。

PART 6

やせる！
毎日のリンパ習慣

ちゃんと眠れば、ちゃんとやせる

「3つのホルモン」を整えましょう

本パートでは、筋肉をゆるめてリンパの流れを円滑にすることで基礎代謝を向上・維持させて、やせやすい体、太りにくい体をつくる生活習慣を紹介します。

生活習慣の中で、特に大切にしたいのは「睡眠」です。

睡眠中は「成長ホルモン」「メラトニン」「コルチゾール」の3つが大切な働きを果たします。毎日7時間程度の睡眠時間を確保して、良質な睡眠習慣を心がけることで、基礎代謝の向上が促される結果、やせたり、太りにくくなったり、腰痛や肩こりなどの不調が解消されたりといった「うれしい効果」につながっていきます。

①成長ホルモン

もっとも眠りが深くなる「眠りはじめからの3時間」に分泌のピークを迎えます。

睡眠に関連したホルモンの分泌リズムの概略

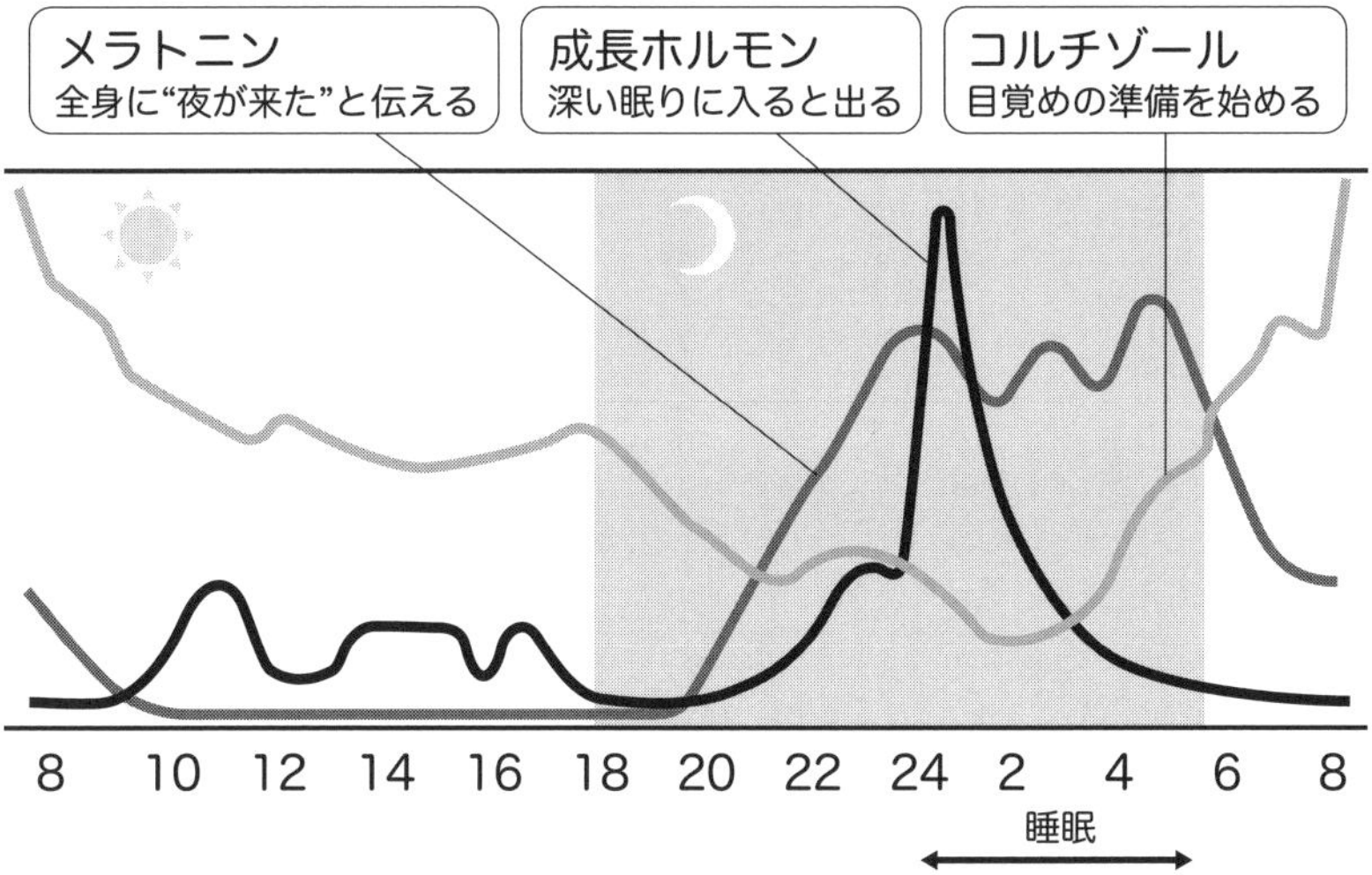

傷ついた細胞を修復・再生したり、皮膚や骨などの新陳代謝を促したりします。

②睡眠ホルモン「メラトニン」

入眠を促すとともに、睡眠中の眠りを持続しやすい環境をつくるホルモンです。起床して15〜16時間後から分泌が始まり、その数時間後に分泌のピークを迎えます。

③ストレスホルモン「コルチゾール」

コルチゾールは副腎皮質から分泌されるホルモンの一つで、メラトニンが出はじめてから5〜6時間後に分泌量が増えはじめ、体の覚醒を促して起床後のストレスに備えます。

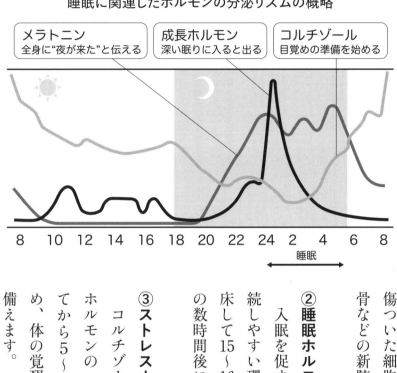

朝いちばんにコップ1杯の水を

良質な筋肉には水が必要です

成人女性の体の約6割は、水分でできています。つまり、人体の機能を正常に保つには、たくさんの水が必要なのです。健康法や美容法などの紹介で、「食事以外に1日あたり、1・5～2リットルの水分をとるように」とよく言われる所以《ゆえん》です。

良質な筋肉をつくるという意味でも、水は大切です。筋肉そのものにもたくさんの水分が含まれていますし、筋肉だけでなく、関節のしなやかな動きをもたらしているのも、水の力です。筋肉の疲労を取り除くのにも、やはり水が不可欠。日頃から水分を充分取るように心がけたいものです。

「でも、水は味気がなくてどうも苦手……」という方もいらっしゃることでしょう。そんな方は、朝にコップ1杯の水を飲むことだけでも始めてみてください。白湯《さゆ》や湯冷ましでも大丈夫ですよ。

朝いちばんの水が腸を活発にします

朝いちばんに水を飲むことで、眠っている間に失われた水分を補給すると同時に、休眠状態だった腸を覚醒させることができます。

腸は「基礎代謝のスタート地点」とも言われますから、腸を活発にすることは、リンパのめぐりをよくするという観点からも、とても大切なことなのです。

朝の1杯の水は、副交感神経を優位にするとも言われています。

一般的に夜間は、副交感神経が優位であることが多いのですが、朝方からは日中の活動に向けて、交感神経が優位になっていきます。

この入れ替わりのタイミングで副交感神経が低下しすぎると、自律神経のバランスが悪くなり、不調を引き起こしてしまいます。

コップ1杯の水で副交感神経の過度な低下も防ぎ、気持ちのよい1日をスタートしましょう。

やせる体をつくるなら、しっかり食べる

良質な筋肉のためにはバランスのよい食事が必要です

良質な筋肉をつくるには、たんぱく質と脂肪、糖質の3大栄養素が不可欠です。やせたいからと食事を抜いたり、食事内容を制限しすぎたりといったことは、おすすめできません。栄養バランスの整った、必要にして充分な量の食事を、ゆっくり時間をかけて摂るようにしましょう。

では、「バランスのとれた食事」とは、どういったものでしょうか?

主食となるご飯かパンに、主菜となる肉料理か魚料理、そして野菜を使った副菜、汁物があれば充分です。

簡単に言えば、焼き魚定食や豚の生姜《しょうが》焼き定食といった、一般的な定食のスタイル。忙しければ、ご飯に納豆と野菜たっぷりの味噌汁でもかまいません。このような食事を1日3回、規則正しく食べることが、やせる体づくりの近道なのです。

間食は控えましょう

一方で、控えていただきたいのが間食です。

特にスナック菓子や清涼飲料などをたくさん摂りすぎると、リンパだけでなく、血液の流れも悪くなります。冷え症に悩んでいた人が、甘いものをやめたらたちまち改善したという話もあるくらいです。

三食をしっかりと食べていれば、間食は不要になるものですが、それでも何か食べたくなったときは、ナッツ類をおすすめします。果物でもいいでしょう。

私たち現代人の食生活において、油分と砂糖類をある程度減らしても、筋肉の生成にはほとんど差し障りがありませんので、ご安心ください。

バスタイムは「ドレナージタイム」

心も体もリラックスしているので効果大です

本書では、朝と夜に行なう「ＲＤ深層リンパドレナージ」を紹介しましたが、それに加えて、バスタイムにＲＤ深層リンパドレナージを行なうのもおすすめです。湯船に浸かっている時間は精神的にもリラックスしていますし、体が温められているので血行もよくなり、筋肉も柔らかくなっています。

湯船に浸かっているときでもいいでしょうし、体を洗うときに一緒に行なってもいいでしょう。立っていても、座っていても、どちらでも大丈夫です。ボディーソープなどは滑りやすいので、しこりも見つけやすくなります。また、しこりもいくらかはやわらかくなっていますから、もみほぐす効果も高いでしょう。

毎日のバスタイムを、リンパのめぐりをよくする時間にあててみてください。その効果はテキメンですよ。

「やせスイッチ」を刺激するのをお忘れなく

バスタイムにRD深層リンパドレナージを行なう際にも、本書で紹介した4つの「やせスイッチ」にリンパ液を集めて、しっかり刺激しましょう。

足のつけ根からいったん足先まで流したリンパ液や体液を骨盤まで戻して、足のつけ根の「やせスイッチ」を刺激すれば、鼠径部《そけいぶ》のリンパ節の目詰まりを解消することができます。

上半身も同様です。わきやおなかの「やせスイッチ」にリンパ液を集めて刺激するほかに、鎖骨のわきにも大きなリンパ節があるので、鎖骨に沿ってさするなどすると、さらによいでしょう。

座るなら床ではなくイスに

洋風の生活スタイルのほうがリンパにはよいのです

リンパ液は液体ですから、リンパ管などを押さえつけると、どうしてもめぐりが悪くなります。ですから、正座や横座りなどは下半身を折り曲げる回数が多く、また、圧力もかかるため、リンパを流すという観点からは、あまりおすすめできません。

食事をするならダイニングテーブルで、イスに座って食べたほうがいいでしょうし、くつろぐときも、床に横座りするよりは、ソファなどでリラックスしたほうが、リンパ管や血管への締めつけが少なく、リンパや血液のめぐりを妨げません。

イスに座るときにも、少し気をつけてほしいことがあります。

座るときは、できるだけ深く腰をかけ、背筋を伸ばしましょう。上から吊《つ》るされているように、上半身をしっかりと立てるように座るのがポイントです。

ジッとする時間をできるだけ少なく

こまめに動く工夫をしましょう

全身のリンパは、筋肉を動かすことでゆっくりと流れていきます。言い換えれば、ジッとしていると、滞る原因になります。

ランニングなどの激しい有酸素運動は必要ありませんが、ひとつの姿勢のまま、ジッとしている時間は、できるだけ減らすように心がけましょう。

たとえば、デスクワークをしている場合には、定期的に屈伸運動をするとか、ジッとイスに座って読書をしている場合には、合間に家事を挟んでみるなど、仕事場にいても家にいても、まめに動き回ったほうが、リンパのめぐりにはよい効果があります。

立ち上がったついでに両腕を大きく回してみる、トイレに立ったついでに階段をちょっと上り降りしてみる、というように、体のいろいろな部分をまんべんなく動かすような工夫を、毎日の生活の中に盛り込んでみてください。

生理前や生理中はやめたほうがいい？

つらくなければいつも通りで大丈夫

生理前や生理中は、女性ホルモンの影響で、体内に水分が溜まりがちになります。普段よりもむくみが目立つようになる方も多いことでしょう。

しかし、それらは体の自然な働きですから、気にする必要はありません。自分がつらくなければ、「ＲＤ深層リンパドレナージ」を行なってもいいですし、体も気分もだるくてつらいというときは、無理に行なう必要もありません。

体調に合わせて、適度に加減しながら行なうようにしましょう。

いつでも、どこでも、何度でもできるのがいいところです

本書では、ＲＤ深層リンパドレナージを中心に紹介してきましたが、本来、ＲＤ深層リンパドレナージは、時間も場所も回数も、特に制約がないことは、先にも述べた

通りです。

リンパのよい流れが習慣化するまでは、毎日しっかり行なっていただきたいのですが、仮に1日サボったからといって、「それまでの努力が水の泡」ということでは決してありません。

やればその分、効果はありますし、少し間隔があいても、また始めればいいのです。

ただ、私たちの体は、「毎日同じような刺激を与えると慣れてしまう」という性質がありますから、毎日のＲＤ深層リンパドレナージを漫然と行なうのではなく、ご自身の体をよく観察し、また手の感覚を研ぎ澄ますようにして行ないましょう。

脳を働かせながらＲＤ深層リンパドレナージを行なうことで、体のメッセージを、しっかりと受け取ることができます。

ＲＤ深層リンパドレナージを行なってはいけないのは、その部分に圧を与えることで痛みや違和感が増すという場合です。そうしたときは無理をせず、かかりつけの医療機関などで受診してください。

極端に締めつける服装はNG

スキニーパンツやストッキングには注意が必要です

時折、体のラインに沿った「スキニーパンツ」を身につけている女性を見かけることがあります。無理なく履けていれば、もちろん問題はありませんが、締めつけが極端にきついようであれば、リンパの流れを妨げてしまうので、注意が必要です。

特に気をつけたいのは、座ったとき。立っているときはそれほどでもなくても、座ると足のつけ根やひざがギュッと締めつけられるということは、ありませんか？

また、ストッキングや圧力の高いタイツなども、注意が必要です。知らず知らずのうちに、強い圧力で常時締めつけていることになりますから、リンパはもちろん、血流にもよくありません。

「なんだか調子がよくないかも……」と漠然と感じてしまうときなどは、できるだけ締めつけの少ない服装を選んでみるのも、いいかもしれませんね。

時には締めつけの少ない服装も選んでみて

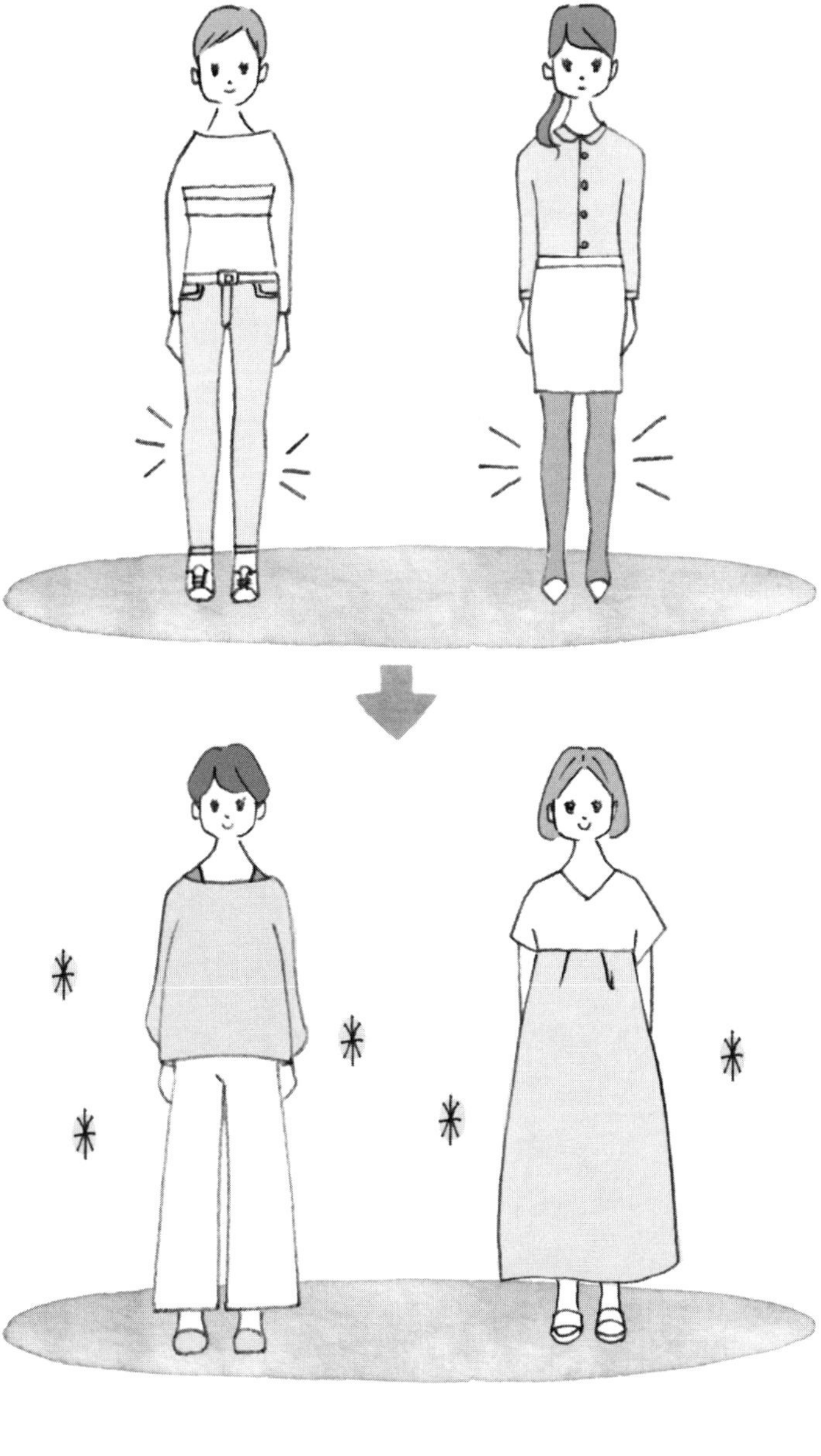

効果はすぐに表れる

あきらめていたあなたにこそ「やせスイッチ・リンパ」です

「ＲＤ深層リンパドレナージ」の効果は、みなさんが思っているよりも、ずっと早く表れるはずです。

起床時に、朝の「やせスイッチ・リンパ」を行なえば、普段よりも上半身や脳の目覚めが心地よくなるでしょう。夜の「やせスイッチ・リンパ」を１週間も行なえば、下半身が軽くなって階段の上り降りも楽になるはずです。便秘も改善されるでしょう。まずはこれらを習慣化しましょう。そして、慣れてくれば、朝と夜を通して行なったり、朝と夜を入れ替えたりしてアレンジしてみてください。

さらに、ＰＡＲＴ４で紹介した「タオルドレナージ」を行なえば、しつこく居座っていた筋肉のしこりが、１週間もすると小さくなっていくでしょうし、ＰＡＲＴ５の「顔層筋マッサージ」は、行なったそばから、以前との違いが確認できるはずです。

続ける秘訣は「自分を追い込まない」

細く長く続けましょう

「RD深層リンパドレナージ」は、続けてこそ意味があるものです。続けることで、体そのものが変化していきます。長く続けるコツは、「自分を追い込まない」こと。ダイエットに限らず、何でもそうですが、「毎日続けるぞ！」と意気込めば意気込むほど、続かないという傾向があるものです。

1日や2日、間が空いてしまうのはかまいません。長い目で見て、「細く長く」続けましょう。時折サボってもいいので、日常生活の中に少しずつ、リンパ液や体液の流れをサポートしてあげる時間を設けてください。

私たちの体は、日々変化しています。昨日、すっきりしたからといって、今日も同じとは限りません。本書をきっかけに、ご自分の体を慈しみながら、理想の健康と美を手に入れてください。

おわりに

最後まで読んでいただき、ありがとうございます。

「RD深層リンパドレナージ」の効果はいかがでしょうか?

私たちの体は、本当によくできています。

途方もない数の細胞は、一つひとつ違った役割を持ち、それらは一つとして無駄なものがありません。本書の中で、老廃物がリンパ管に回収される仕組みを説明しましたが、どんな精密機器もかなわないような、精細な働きに驚かされます。

本書で説明したRD深層リンパドレナージは、そうした体のすばらしい仕組みの基本構造の一つとも言える「リンパの流れ」をもう一度整えることで、全身を健やかにしようというものです。ぜひ毎日実践してみてください。

RD深層リンパドレナージが、多くのみなさんの健やかな毎日の実現に貢献できることを、切に願っています。

中辻 正

［参考文献］

『下半身やせ深筋ダイエット』中辻正（ソフトバンククリエイティブ）、『みるみるほうれい線が消える！顔層筋トレーニング』中辻正（宝島社）、『改訂新版深層筋大図鑑』中辻正（セブン&アイ出版）

＊本書はＲＤ深層リンパドレナージの効果を完全に保証するものではありません。効果には個人差があります。体に異常を感じたときは、すみやかに中止してください。具体的な症状や治療については、そのつど専門機関にご相談ください。

装幀◉小口翔平＋阿部早紀子（tobufune）
本文イラスト◉杉山美奈子
撮影◉澤島 健（七彩工房）
ヘアメイク◉岸佳代子（MIX）
スタイリング◉岡本佳織（七彩工房）
モデル◉西田絵梨香（モデルス）
衣装協力◉ワコール https://www.wacoal.jp/
本文組版◉朝田春未
編集協力◉清塚あきこ

【著者紹介】

中辻 正（なかつじ・ただし）
リニューイング・セラピー院長。柔道整復師。筋活性化研究会会長。1958年生まれ。柔道整復師として治療院を開院し、痛みと筋肉の関係に着目した「深層筋メソッド」を開発。現在は東京・青山と岐阜の治療院を拠点に活動を行なっている。スポーツアスリートやミュージシャン、タレントから絶大な信頼を得ている「ゴッドハンド」。各地での講演やセミナー、オンラインサロンで、筋治療やRD深層リンパドレナージの普及に努めている。
著書に『ほうれい線が消える！顔層筋トレーニング14日間プログラム』（宝島社）、『10年前の顔を取り戻す！顔層筋 深部リンパマッサージ』（青春出版社）、『［日めくり］ほうれい線は消せる！顔層筋マッサージ』（PHP研究所）などがある。

RD深層リンパドレナージに関するオンラインセミナーを開催（無料・不定期）。LINE「友だち追加」機能で詳細を配信しています（内容は予告なく変更することがあります）。

朝・夜3分！「やせスイッチ」を押せばやせたいところが全部やせる

2021年6月10日　第1版第1刷発行

著　者　中辻 正
発行者　櫛原吉男
発行所　株式会社PHP研究所
京都本部　〒601-8411　京都市南区西九条北ノ内町11
〔内容のお問い合わせは〕教育出版部 ☎075-681-8732
〔購入のお問い合わせは〕普及グループ ☎075-681-8554
印刷所　大日本印刷株式会社

©Tadashi Nakatsuji 2021 Printed in Japan
ISBN978-4-569-84981-2
※本書の無断複製（コピー・スキャン・デジタル化等）は著作権法で認められた場合を除き、禁じられています。また、本書を代行業者等に依頼してスキャンやデジタル化することは、いかなる場合でも認められておりません。
※落丁・乱丁本の場合は、送料弊社負担にてお取り替えいたします。